Rudolf Gaßenhuber

Herzsinn und Weltangst

Für Susan und Moritz

REIHE ZIVILISATIONSKRITIK UND BEFREIUNGSDENKEN

Rudolf Gaßenhuber

HERZSINN UND WELTANGST

PHILOSOPHISCH-PSYCHOLOGISCHE ESSAYS

ALBVNEA VERLAG MVENCHEN

Seldeneckstr. 18
D-81243 München
www.albunea.de
info@albunea.de

Herstellung: Books on Demand GmbH, Norderstedt

ISBN 978-3-937656-19-9 (Buch)
ISBN 978-3-937656-20-5 (E-Book)

INHALT

Vorwort – Stolz statt Bindung

Das Buch versammelt etwa 30 Essays über 400 Jahre Lebenswirklichkeit und menschliche Lebensantworten. Ihr gemeinsamer Nenner ist eine Spurensuche nach den Gründen und Folgen eines allgemein weiter schwindenden Weltvertrauens und wachsender Angst und Unsicherheit. Die Folgen sind zunehmend verheerend. Denn allzu oft wird verlorenes Vertrauen nicht durch Bindung und Trost wieder geheilt, sondern durch ein stolzes Streben nach Macht und Größe oberflächlich kompensiert. Das Misstrauen bleibt und verschanzt sich, jederzeit bereit zu neuen Ausfällen. Alle Essays drehen sich deshalb um diesen Kern vertrauensvoller Lebensfreude in einer Welt, die sich im Laufe der Zeit immer expliziter gegen das Verwandt-sein mit Mensch und Natur und für das Beherrschen und Kontrollieren entschieden hat.

Über eine ältere Frau und einen jüngeren Ausländer und wie ihre Liebe den Blicken der Umgebung ausgesetzt ist.

Über einen ängstlichen Philosophen im schrecklichen 30-jährigen Krieg und wie er 1641 größtmögliche Sicherheit sucht und wie die gefundene, vermeintliche Sicherheit zu einer Grundlage des Denkens der Neuzeit wird.

Über den Gedanken, alles sei theoretisch vorhersehbar und planbar und warum das lustig ist.

Über die Kindheit eines Massenmörders und wie er dazu kam, sein Leben triumphalischer Rachsucht zu widmen.

Über die Todesangst und wie sie unter Umständen durch Aggression und Destruktion überwunden werden kann.

Über einige Dichter und Denker, die in ihrer Lebensliebe zutiefst verunsichert sind und den Zufall allein für lebensbestimmend halten.

Über Unsicherheit und Dekadenz und inwiefern Dekadenz aus einer ungenügenden Abgrenzung der Lebenswirklichkeit herrührt.

Über einen Psychologen, der an der Liebe von Eltern verzweifelt und wie er sich lebenslang über ein tröstliches und wohlwollendes Über-Ich wundert.

Über einen anderen ängstlichen Philosophen und wie ihm die Gewissheit seines eigenen Todes Orientierung und Halt gibt.

Über einen etwas verlorenen Religionsphilosophen und inwiefern ihm Begegnung und Beziehung konkreter Menschen die Essenz aller Wirklichkeit bedeuten.

Über einen Kampfflieger, der allein in der Wüste tausend Meilen abseits jeder bewohnten Gegend notlandet und wie er dort ergreifend und traurig über Freundschaft nachdenkt.

Über einen Theologen auf der Suche nach dem Ewigen und wie er dabei die gegenwärtige Begegnung verliert.

Über eine Mutter, die um 1980 große Angst vor einem Atomkrieg hat und wie die unschuldige Zuversicht ihres Kindes für sie zu einer Belastung wird.

Über den Schock des Krieges, der 1945 endete und wie er 1997 exemplarisch durch Lebensfreude und Liebe überwunden wurde.

Über postmoderne Offenheit und wie sie nicht nur in Kindern Unsicherheit und Angst erzeugen kann.

Über die Aufarbeitung der Nazizeit und wie man versucht, das Abscheuliche hinter Mitgefühl zu verbergen.

Über den Nachklang des Abscheulichen und wie man versucht, Motive und Emotionen durch distanzierte Begriffe wie „Charakter“, „Banalität“ oder „Tötungsarbeit“ zu neutralisieren.

Über den Beobachter von Gewalt und wie es dazu kommt, dass er Lähmung und Faszination statt Wut und Abscheu empfindet.

Über destruktive Souveränität und wie man das Unterwerfungsbedürfnis zähmen kann.

Über Abscheu und berechtigte Wut und wie man sie früher durch das Erhabene, heute durch Mitgefühl vermeidet.

Über Verehrung und Zugehörigkeit bis zum Selbstverrat und wie sie Größe vortäuschen und Selbstreflexion verhindern.

Über den Kadavergehorsam und wie Widerstand und Hilfe dennoch manchmal möglich sind.

Über einen Affenforscher und einen Psychologen und wie beide Empathie für den Kern des Menschseins halten.

Über das Gefühl der Verbundenheit und wieso Einzigartigkeit das Häufigste ist.

Über das Selbst und wie wir uns gerne autonom sehen und Abhängigkeiten verschleiern.

Über das Miterleben als primäre Fähigkeit und wie manche versuchen, es in Zweifel zu ziehen.

Über Kinder in Afghanistan und was der Drohnenkrieg für sie und die Drohnenpiloten bedeutet.

Über Kontingenz und inwiefern sie eine Chance sein kann, das Lieben zu lernen.

Danken möchte ich wenigstens meinen wichtigsten Helfern beim Trennen und Verbinden. Alle nicht Genannten hatten sicher auch ihren Anteil, vielleicht einen größeren, wer weiß das schon. Ich danke meinen mir bekannten allerbesten Verbindungshelfern: Anna, Irmgard, Helga, Peter, Eduard, Joachim, Wolfgang, Peter, Joachim, Richard, Heinrich, Susan, Gerd, Angela, Hermann, Martin, Günther, verschiedenen Landschaften, Tieren und Pflanzen und nicht zuletzt unserem Kater Norbert.

Einleitung – Angst essen Seele auf

Große Teile der Philosophie sowie die Grundlagen der modernen Wissenschaft und Technik haben, denke ich, einen traumatischen Ursprung, sind Versuche einer intellektuellen und wissenschaftlich-technischen Angstbewältigung. In ihrem Hintergrund steht eine große Weltangst, die durch große Anstrengungen an Kontrolle und Beherrschung gezähmt werden soll.

Vor vierzig Jahren kam der Fassbinder-Film mit dem schönen Titel „Angst essen Seele auf" in die Kinos. Er erzählt die Geschichte einer „unmöglichen" Liebe zwischen einer 60-jährigen Frau und einem 40-jährigen Ausländer. Die Geschichte endet schlecht. Die Liebe scheitert, wenn auch vielleicht nicht endgültig. Sie scheitert in einer Umgebung aus Erniedrigung und Gehässigkeit. Feindseligkeit und Angst zerfressen das Gute im Leben.

Eine Angst, die die Seele zerfrisst, ist auch der mehr oder weniger heimliche Pate zumindest unserer jüngeren Geschichte. Die folgenden Erzählungen hängen deshalb an einem schwarzen und einem roten Band: sie verfolgen die Auswirkungen der Bedrohungen in den Kriegen, im Alltag, in der Philosophie, im Denken und sie fragen immer nach dem, was denn eine entfaltete Seele sein könnte, die da zerfressen wird. Dahinter steht die Frage: Was ist hier auf der Verlustseite unserer hochgerüsteten und hochtechnisierten Moderne zu verzeichnen? Was wäre denn ein unbeschädigteres Dasein, das nicht von übermäßiger Vorsicht und ausuferndem Sicherheitsstreben gelähmt wird?

Der seelenarme, verkapselte Mensch ist ein der Not geschuldeter Überlebensversuch. Verheerende Kriege, Angst, offene und subtile Feindseligkeit erzeugen eine allgemein verbreitete existentiell bedrohliche Atmosphäre, in der es mehr ums Überleben als ums Leben geht. In martialischen Umgebungen bleiben den Opfern nur vier Notlösungen: Kampf und Hyperaktivität, Flucht und Rückzug, Unterwerfung und Symbiose oder ein Totstellreflex der Stilllegung der Lebendigkeit. Ganz ähnliche vier Charakterformen finden sich in bedenklicher Häufung unter uns und in uns: der kontraphobische Macher, das zurückgezogene, isolierte Subjekt, der gehorsame Befehlsempfänger, der lebensunlustige Deprimierte. Sie sichern das Überleben, wenn es gut geht – viel mehr nicht.

Wie wäre eine Welt mit weniger Angst und Sicherheitsstreben? Oder, anders gefragt, wie fühlt es sich überhaupt an, aus diesen seelischen Verschanzungen herauskommen zu dürfen und den Herzsinn wieder lebendig werden zu lassen?

1631: Am Anfang war die Angst – Weltangst

Im dreißigjährigen Krieg versteckten die Menschen sich und ihre Schätze vor den plündernden Heeren und Söldnertruppen in Erdlöchern, sog. Schwedenlöchern. In höchster Not flüchteten die Bauern in den Wald, vergruben ihr Geld und versuchten sich irgendwie zu retten. Der Philosoph Descartes, der Autor der Formel „Ich denke, also bin ich", war in seiner Jugend selbst Soldat in diesem Krieg; mit 20 verdingte er sich beim Feldherrn Moritz von Nassau; mit 23 nahm er unter Herzog Maximilian von Bayern an den ersten Kämpfen und an der Eroberung von Prag teil. Mit 24 unternahm er mehrmonatige Reisen durch Deutschland und die angrenzenden Länder.

Die Folgen des Krieges waren verheerend, Millionen starben, wenn nicht durch Soldaten, dann durch die auftretenden Seuchen, Hungersnot und die Pest. Teils waren zwei von drei nicht mehr am Leben, ganze Landstriche waren entvölkert. Durch das Massaker von Magdeburg am 20. Mai 1631 kamen 20.000 ums Leben.

Bis auf die Knochen abgemagerte Menschen, weitgehender Verfall aller Institutionen, Verrohung, Dehumanisierung. Tausende Flugschriften und Zeitungen verbreiteten Gräuel und Propaganda, Angst und Schrecken in alle Winkel des Landes.

Andreas Gryphius schreibt 1636 im Gedicht „Tränen des Vaterlandes":

...
Die Türme stehn in Glut, die Kirch' ist umgekehret.
Das Rathaus liegt im Graus, die Starken sind zerhaun,
Die Jungfern sind geschänd't, und wo wir hin nur schaun,

Ist Feuer, Pest, und Tod, der Herz und Geist durchfähret.
...
Doch schweig ich noch von dem, was ärger als der Tod,
Was grimmer denn die Pest, und Glut und Hungersnot,
Dass auch der Seelen Schatz so vielen abgezwungen.

Schlimmer noch als der Tod ist der Verlust des Glaubens an Gott und die Welt. Feuer, Pest und Tod sind durch Herz und Geist gefahren und haben die Grundlagen dieser Welt zerstört: den tiefen Glauben an Gerechtigkeit, das Vertrauen in Recht und Ordnung, die menschliche Würde und die Lebenszuversicht. Das ist der „Schatz der Seele" wie er durch Angst, Leid, Entwürdigung und Hilflosigkeit zerstört werden kann. Heute würde man von schwersten traumatischen Erlebnissen sprechen, verbunden mit andauernden Gefühlen von Leere, Stumpfheit, Betäubt-sein und Anhedonie.

Im zeithistorischen Hintergrund der neuzeitlichen Philosophie und Wissenschaft lagen Erfahrungen von Bedrohtheit, Zerstörung und Weltangst. Am Anfang war die Angst. Seine methodische Suche nach dem Unbezweifelbaren beschreibt Descartes 1637 so:

> „Allein gleich einem Menschen, der in der Dunkelheit und allein geht, entschloss ich mich, es so langsam und mit so viel Vorsicht zu thun, dass ich, sollte ich auch nur langsam vorwärts kommen, doch vor jedem Falle geschützt bliebe." (Descartes, Methode, 2. Abschnitt)

Das scheint mir ein sehr treffendes Bild des modernen Menschen zu sein, allein in der Dunkelheit sich vorwärts tastend, ängstlich und langsam, um nicht zu stürzen.

Ängstlich, allein, im Dunkeln – was ist das nur für eine Zeit, die hier ihren Anfang nimmt? Eine Zeit des Sicherheitsdenkens, des Mathematisierens, des gestörten Vertrauens in die Welt, die Angst vor allem Neuen, das nicht geplant und hergestellt ist.

Max Scheler schreibt um 1911: „Angst gebiert die Rechenhaftigkeit der Lebensführung und ist das emotionale Apriori des stolzen 'cogito ergo sum'." (Scheler S. 29) Angst ist der emotionale Anfang des Sicherheitsdenkens und liege noch vor dem Stolz, den das Cogito in den Philosophen und ihren Lesern bewirkte. Eine anfängliche Angst, die sich mit ihrer Überwindung in Stolz verkehrt, wird uns hier noch öfter begegnen. Die Angst wird auf diesem Weg nicht durch Geborgenheit und Trost gelöst, sondern aus sich selbst heraus durch eine philosophische Einsicht oder Härte gegen sich selbst oder andere überwunden. Stolz auf die eigene, schwer errungene Autonomie, statt Geborgenheit in der Welt mit anderen ist ein seelischer Schlüsselmechanismus dieser Epoche. Scheler weiter:

> „Welt, das ist nun der Gegenstand der ewigen Angst, nicht mehr kühn und froh ergriffenes «Ohngefähr» ... Die Welt ist für diesen Typus und sein Lebensgefühl nicht mehr die warme, organische «Heimat», sondern sie wird ein kalter Gegenstand der Berechnung und des Angriffs der Arbeit – nicht geliebt und kontempliert, sondern das, was zu berechnen und zu bearbeiten ist."

Einwände gegen das Sicherheitsdenken gab es und gibt es immer wieder; in der Lebensphilosophie und Phänomenologie Anfang des 20. Jahrhunderts oder auch schon in der deutschen Romantik hundert Jahre vorher. Im Jahr 1800 dichtet Novalis schwärmend:

Wenn nicht mehr Zahlen und Figuren
Sind Schlüssel aller Kreaturen
Wenn die, so singen oder küssen,
Mehr als die Tiefgelehrten wissen,
Wenn sich die Welt ins freye Leben
Und in die Welt wird zurück begeben,
Wenn dann sich wieder Licht und Schatten

Zu ächter Klarheit werden gatten,
Und man in Mährchen und Gedichten
Erkennt die wahren Weltgeschichten,
Dann fliegt vor Einem geheimen Wort
Das ganze verkehrte Wesen fort.

1641: Das Schwedenloch des Geistes – Sicherheitsdenken

Die Formel „Cogito ergo sum“, „Ich denke, also bin ich“, steht gleichsam am Anfang der neuzeitlichen Philosophie. Descartes hat sie 1641 in seinen „Meditationes“ ausformuliert. Es war die Zeit des 30-jährigen Krieges, eines jahrzehntelangen äußerst destruktiven auch ideologischen Kampfes um protestantische oder katholische Vorherrschaft. Die Welt war aus den Fugen.

Die Formel besagt, wenn auch alles unsicher ist, wenn ich auch an allem zweifeln kann, so kann ich dennoch niemals daran zweifeln, dass ich bin, wenn ich zweifle. Sicher ist in jedem Fall dies: wenn ich zweifle oder auch wenn ich denke, oder wahrnehme oder dergleichen, bin ich. Der Inhalt meiner Gedanken oder Wahrnehmungen mag falsch sein, aber ich kann nicht daran zweifeln, dass ich existiere, wenn ich am Denken oder Wahrnehmen bin. Nicht einmal ein Betrügergott, ein teuflischer Täuscher wäre in der Lage, mir diese Sicherheit zu rauben. Er kann mir Träume einflößen und mir Halluzinationen aller Art vorspiegeln, er kann aber nicht verhindern, dass ich bin, wenn ich diese Halluzinationen habe. Das „Wenn ich denke, bin ich“ ist das Sicherste, was es auf der Welt gibt. Es ist sicherer als die Welt selbst und nicht einmal die Macht Gottes kann diese Gewissheit erschüttern!

Das Cogito-ergo-sum war lange Zeit das Maximum denkerischer Sicherheit. Zwar nur ein winziger Punkt und kein Wissen im Sinne brauchbarer Lebensweisheit oder Orientierung – winzig zwar, aber unbezweifelbar. Es bezeichnet den maximal möglichen Rückzug des Menschen auf einen innersten, kleinsten Bewusstseinspunkt, auf einen letzten Zufluchtsort — das Schwedenloch des Geistes.

Für die spätere klassische deutsche Philosophie war die Formel der feste Punkt des Archimedes, von dem aus sie versuchte, die Welt zu erfassen und auf den Begriff zu bringen. Die Formel war lange Zeit das uneinnehmbare Fort Knox des philosophischen Geistes. Im Anschluss an das Evidenzerlebnis dieser ersten Sicherheit entwickelte Descartes eine allgemeine Regel für zutreffende Erkenntnis: Wahr ist all das, was ich ganz klar und deutlich einsehe. Vor allem die Ergebnisse der Geometrie, Mathematik und der Mechanik waren von dieser Art. Das Einfache, die Gestalt, die Anzahl, die Lage, die Maße eines Dinges (die sogenannten primären Qualitäten) seien sicherer zu erkennen als das „Zusammengesetzte", das Komplexe, wie z.B. die Gegenstände der Medizin.

Später haben viele versucht – und erfolgreich versucht –, die Sicherheit der Cogito-Formel wieder in Frage zu stellen. Kierkegaard und Nietzsche zweifeln an dem „Ich", das sich hier logisch zwingend ergeben soll. Sie sagen, sicher ist nur „Ich denke, also ist etwas Denkendes", aber ein „Ich", als ganzes Ich, als Person, als Mensch ergibt sich daraus nicht zwingend. Im Moment des Denkens ist nur das Denkende, das eben denkt, sicher. Man könnte ebenso gut sagen „Es denkt" oder „Es schreibt". Husserl verweist in differenzierten Überlegungen darauf, dass im Akt des Cogito immer auch Etwas gedacht wird; es gibt kein Ich-denke ohne einen Denkinhalt. Der Denkinhalt sei in diesem Akt als Phänomen nun aber ebenso sicher wie das denkende „Ich". Die Formel liefert damit keinen festen ausgezeichneten einzelnen Punkt mehr: die ganze Welt der Phänomene ist ebenso sicher oder unsicher wie das Denkende. Die Sprachphilosophie um Carnap hebt angebliche logische Fehler der Formel hervor, usw. – Über 300 Jahre lang hat wohl so gut wie jeder Philosoph sich zu dieser Formel und ihren Implikationen geäußert. – Schließlich gab die Formel nach und erodierte.

Der einstige archimedische Punkt zerfloss unter der Hand und wir sind seitdem auch philosophisch wieder auf das ganze, nie ganz vorhersagbare Chaos unserer Welt verwiesen. Die Sicherheit erwies sich philosophisch dann doch wieder als trügerisch, Angst und Bedrohtheit zogen wieder auf und vor den Himmel des „deutschen Idealismus“ schoben sich im 20. Jahrhundert Gewitter von überdiemaßen schrecklichen Kriegen und potentieller Weltzerstörung.

Was aber blieb, ist der Aufschwung des Sicherheitsdenkens in Naturwissenschaft und Technik. Enorme Mengen an sicherem Wissen und funktionierender Technik wurden seitdem geschaffen.

Ich möchte nun etwas über eine Frage nachdenken, die, soweit ich weiß, noch nicht gestellt wurde. Nein, ich muss anders sagen, ich bin mir eigentlich sicher, dass die Frage schon gestellt wurde, ich weiß aber nicht von wem und wo. Sicher bin ich mir deshalb, weil es eigentlich die naheliegendste und einfachste Frage ist, die man Descartes stellen kann oder die man an die Grundlagen der Formel herantragen kann.

Die Frage lautet: Ist das Sichere auch das Wichtige? Nützt das Sicherheitsdenken dem Leben?

Descartes Meditationen beginnen so:

> „... dass ich daher einmal im Leben alles von Grund aus umstoßen und von den ersten Grundlagen an neu beginnen müsse, wenn ich jemals für etwas Unerschütterliches und Bleibendes in den Wissenschaften festen Halt schaffen wollte.“ (1. Meditation, 1. Absatz)

Descartes sucht einen stabilen Boden für etwas „Unerschütterliches und Bleibendes in den Wissenschaften“. Er stellt nicht die Frage, ob dieses Unerschütterliche (firmum et mansurum) auch etwas Wichtiges ist. Die Relevanz des Festen und Bleibenden scheint ihm fraglos gegeben.

Aristoteles hingegen unterscheidet noch deutlich zwischen der Beschäftigung mit notwendigen, sicheren und der Beschäftigung mit lebenspraktischen Tatsachen. Notwendige Tatsachen erkennen wir mittels der theorieorientierten Vernunft (Episteme, Bios theoretikos). Die Fragen der Lebenspraxis und der Ethik hingegen begegnen wir mit Kunstfertigkeit (Techne) und Klugheit (Phronesis). Diesen verschiedenen Erkenntnisweisen, theoretisches Wissen und Klugheit, kommt ein unterschiedlicher Grad an Genauigkeit zu. Alle Fragen der Lebensführung fallen nicht in den Bereich der notwendigen Tatsachen.

Im Anschluss an diese Unterscheidung zwischen sicherem und unsicherem Wissen kann man sagen: Descartes bildet eine Wegmarke für die Verschiebung der Relevanz von Phronesis hin zu Episteme. Das Interesse gilt fortan und zunehmend weniger dem Seelenheil und der klugen Lebensführung, sondern dem sicheren, unumstößlichen Wissen. Die Bevorzugung der „sicheren Wissenschaft“, die Erfolge der Technik und ein ausuferndes Sicherheitsbedürfnis korrespondieren mit einer Geringschätzung derjenigen Erkenntnisvermögen, die sich nicht auf das Feste und Bleibende, sondern auf das Unvorhersagbare und Lebensbezogene richten. Im Zuge dieser Abwertung erhalten Fragen, die ihrer Natur nach nicht „wissenschaftlich“ sicher beantwortbar sind, weniger Aufmerksamkeit. Man beschränkt sich auf das Sichere und versucht das andere als unwissenschaftlich beiseite zu schieben. Dass das Sichere, das Feste und Bleibende auch das Lebens-wichtige ist, könnte eine der großen problematischen Voranahmen sein, die unsere Zeit seit langem prägen.

Mit unserem wissenschaftlich-technischen Denken richten wir uns aus am Sicheren und Kontrollierbaren und verlieren den Zugang zum Unvorhersagbaren (Kontingenten). Das ist das eigentlich dramatische: die institutionalisierte Austreibung des Individuellen, Singulären und Situativen aus der Erkenntnisanstrengung. Fast alles Forschen und Trachten richtet sich auf das Ereignis „als Fall von X“, auf das Ding als Anwendung eines Gesetzes oder einer Regel. Zum Individuellen aber gehört immer das Unerwartete, das Unbekannte und Überraschende.

Die Rückseite unserer Moderne ist daher wohl automatisch

ein Verfall der Lebensklugheit und ein Erblinden der Liebeskraft, die sich dem Unvorhersagbaren, dem Individuellen und Singulären, zuwendet. Vor lauter Angst und Sicherheitsstreben verkümmert der Herzsinn.

1814: Der Witz des Lebens – Offenheit und Gelassenheit

Ereignisse in unserer aller Lebenswelt treten teils erwartet, teils aber immer auch unerwartet ein. Ich erwarte den Zug am Bahnsteig, aber wann er genau kommt, weiß ich nicht; ich erwarte, dass andere Fahrgäste im Zug sitzen, aber wer das ist und was ich dabei erlebe, weiß ich nicht. Ich hoffe, dass mir der Film gefällt wenn ich ins Kino gehe, aber ich weiß nicht, was ich empfinden werde. Ich freue mich, meinen Freund zu treffen, aber ob es besonders schön werden wird, weiß ich nicht. Ich hoffe auf Gesundheit und ein langes Leben in Frieden, aber Schicksalsschläge sind nicht ausgeschlossen.

Ereignisse in unserer Innenwelt haben einen ähnlichen Charakter. Meine Empfindungen kann ich teils erwarten, teils kommen sie ungerufen auf mich zu. Ich weiß aus Erfahrung, dass ich morgens nach dem Schlafen wieder ausgeglichener und klarer sein werde, aber ob und wie das der Fall sein wird, weiß ich nicht. Ich weiß, dass ich mittags Hunger bekommen werde, aber worauf ich dann Hunger haben werde, weiß ich oft nicht. Vieles ist überraschend, kommt auf uns zu, stößt uns zu. Das betrifft unsere Empfindungen und auch ebenso unseren Willen.

Unsere Lebenswelt ist eine kontingente, nie ganz vorhersagbare Welt. Würde man dieses Moment des Ungeplanten, des Unvorhergesagten und Überraschenden entfernen, wäre das gleichbedeutend mit ihrer Zerstörung. Unser Leben ist kein ablaufender Plan, sondern besteht aus Geschichten. Teils handeln wir, teils stößt uns etwas zu, widerfährt uns etwas; Odo Marquard spricht von „Handlungs-Widerfahrnis-Gemischen" (Marquard S. 129). Darin besteht die Offenheit und der Kern, der Witz des Lebens. Teils leben wir, teils machen wir Erfahrungen.

1814 hat Laplace eine dazu konträre Position, den später berühmten „Laplaceschen Dämon“, entwickelt. Über diesen alles wissenden Verstand schreibt er: „für ihn wäre nichts ungewiß; vor seinen Augen ständen Zukunft und Vergangenheit“.

Heute, 2014, möchte ich mal mit einem Witz antworten: Zwei Wiener gehen in der Stadt spazieren. Sagt der eine: „Schau hin, da vorn liegt a Bananenschale!“ Sagt der andere: „Oh wei, da werds uns wieder hinhaun.“

1899: Vom Ursprung des Hasses – Anfänge eines Mörders

Wie aber entsteht Liebesunfähigkeit, wie entsteht gar Hass? Abgründiger Hass entsteht da, wo auch das Leben anfängt, hier werden die Weichen gestellt. Man erlaube mir einen Exkurs zu Hitler. Es ist schon soviel gesagt und geschrieben worden, man mag es nicht mehr hören. Ich beschränke mich auf einen kleinen Punkt, der in meinen Augen seine Biografie und sein grauenhaftes Wirken auf erhellende Weise zusammenbringt. Natürlich ist Hitler, wie jeder Mensch, ein Rätsel, aber ich meine, das von der Hitleraufarbeitung nach wie vor aufrechterhaltene „Rätselhafte" ist in der Hauptsache selbstverschuldet. Wenn man will, kann man die Antriebe Hitlers und seiner Mittäter und aktiven Mitläufer im Kern und in ihrer Genese durchaus begreifen. Das „Wie isses nun bloß möglich" der Mutter von Kempowski muss nicht unbeantwortet bleiben. Mit mehr Recht lässt sich vielmehr sagen „Rätsel gibt es nicht. Es gibt nur Verrätselungen." (Reemtsma S. 22)

Die Gräuel des 20. Jahrhunderts lassen sich freilich nicht allein psychologisch erklären. Allem Anschein nach ist folgendes ein brauchbares Modell: Wenn die gesellschaftlichen, politischen, ökonomischen Bedingungen (schwere Wirtschaftskrise, existentielle Ängste, Kriegsgewinnler in Industrie und Rüstung, außenpolitische Konkurrenz) und die seelischen Bedingungen großer Teile der Bevölkerung (Chance zur Selbsterhöhung und Größe für jedermann, Gefühl der Demütigung durch den verlorenen 1. Weltkrieg, Angst, Duckmäusertum, preußische Militarisierung der Gesellschaft) zusammenkommen, dann werden gewalttätige, „einfache Lösungen" möglich und Diktatoren und Berserker erhalten ihre Chance. Gewaltneigung, Unterwürfigkeit und Größensucht müssen in Bevölkerung und Führungsriege vorhanden sein; Führer und Massen müssen zusammenpassen. Rachedurst, Selbstverleugnung und Selbsterhöhung auf Kosten anderer wiederum haben gesellschaftliche und auch biografische Wurzeln. Erziehung zu Gehorsam und Heranbildung eines defizitären Selbst hat in Deutschland und anderswo eine lange Tradition. Erziehung bedeutet in militarisierten Gesellschaften, Härte, Erhöhung und Gehorsam in jeder neuen Generation aufs Neue zu verankern.

Eine Szene scheint mir das ganze Grauen der Herkunft Adolf Hitlers besonders deutlich zu illustrieren. Es ist eine Prügelszene zu dritt, die Hitler seiner Sekretärin Christa Schroeder stolz berichtete. Auch Hitlers Protokollführer Henry Picker erwähnt Teile der Szene (Picker, Gespräch 33 am 3.3.1942: „Auch 32 Stockhiebe seines Vaters brachten keine Besserung; er rekapitulierte nur Karl May und brachte den Vater durch lautes Mitzählen der einzelnen Schläge aus dem Konzept.").

Hitlers Sekretärin Christa Schroeder erzählte:

> „»Meinen Vater habe ich nicht geliebt«, pflegte er zu sagen, »dafür aber um so mehr gefürchtet. Er war jähzornig und schlug sofort zu. Meine arme Mutter hatte dann immer Angst um mich. Als ich eines Tages in Karl May gelesen hatte, dass es ein Zeichen von Mut sei, seinen Schmerz nicht zu zeigen, nahm ich mir vor, bei der nächsten Tracht Prügel keinen Laut von mir zu geben. Und als dies soweit war – ich weiß noch, meine Mutter stand draußen ängstlich an der Tür –, habe ich jeden Schlag mitgezählt. Die Mutter dachte, ich sei verrückt geworden, als ich ihr stolz strahlend berichtete: 'Zweiunddreißig Schläge hat mir der Vater gegeben!' Merkwürdig, von diesem Tage an brauchte ich mein Experiment nicht mehr zu wiederholen; mein Vater hat mich nicht mehr angerührt.«" (Zoller S. 46)

Diese Prügelszene ist kein einzelnes traumatisches Ereignis, sondern eher der Höhepunkt einer langen traumatisierenden Geschichte. Der Vater, oft im Wirtshaus, kommt betrunken nach Hause, tobt gegen die ganze Familie. Die Mutter, 23 Jahre jünger als ihr Mann, grundängstlich, selbst öfter Prügelopfer ihres Mannes, hatte vor Adolf drei Kinder verloren, hängt übermäßig an Adolf, bewundert ihn, benutzt ihn als seelischen Halt, vereinnahmt ihn für eine grandiose Zukunft, behindert seine Eigenentwicklung und – sie beschützt ihn nicht. Beide Fäden laufen in dieser Szene zusammen, der Vater als grausamer Auspeitscher, die schwache Mutter, den Sohn verratend an der Tür. Die Szene ist ein augenfälliges Beispiel für die Erzeugung von Hass und Willenshärte. Demütigung, Angst, Verlassenheit, Verlorenheit, Verrat und Schmerzen werden in eine Glut der Rache und einen triumphierenden Selbstbehauptungswillen transformiert.

Das heimliche „Lernziel" seiner familiären Umgebung war: niemand beschützt Dich, auch nicht Deine Mutter, nur Härte und ein eiserner Wille gegen Dich selbst und alles Schwache, alles, was Schmerz empfindet, kann Dich vor absoluter Demütigung retten. Wer den Schmerz überwindet, wer vernichtet, verdient Bewunderung, „stolz strahlend" hat er Muttern berichtet. Destruktion und sei es gegen sich selbst, erzeugt absolutes Machtgefühl und Faszination der Zuschauer. Diese unselige Verknüpfung von Vernichtung und Bewunderung, das ist des Pudels Kern.

Was aber tut die „liebevoll ausgleichende Mutter" (Ullrich S. 30), die die Biografen so gerne beschwören? Sie wird ihn trösten und seine Wunden pflegen und vielleicht schweben die beiden dann wieder selig in seiner Zukunft als großer Künstler. Aber gleichzeitig ist aus Kindersicht schmerzlich klar: Diese Liebe ist nicht viel wert, wenn es darauf ankommt, zählt sie nicht; sie greift nicht ein, sie geht nicht dazwischen, letzten Endes ist sie der Komplize des Berserkers; diese Mutter ist weder liebevoll noch ausgleichend, sondern sie liefert Dich ihm aus. Weibliche Grausamkeit und emotionaler Missbrauch sind in unseren Zeiten nach wie vor ein fast weißer Fleck auf der Landkarte des psychisch Denkbaren. Man spricht allenfalls von einem „Zuviel an mütterlicher Zuwendung“ (Ullrich S. 30), von einer „übermäßigen“, einer „verwöhnenden Liebe“. Aber eine „übermäßige Liebe“ gibt es nicht. Hier wird Verwöhnen und Bewundern mit Liebe verwechselt. Beides ist aber gerade nicht ein Wertschätzen der Bedürfnisse und der Eigenwelt des Kindes. Das Kind wird nicht wahrgenommen und gefördert. Verwöhnen und Bewundern markieren den Übergang zum Benutzen und zum seelischen Missbrauch. „Verwöhnen“ heißt dann, vom Elternteil aus gesehen, ich fühle mich wertvoll, wenn ich mich als „fürsorglich“ erlebe, und ich genieße es, jemanden bewundern zu können. Die Mutter befriedigt dabei ihren Pflegewunsch und ihr Verehrungsbedürfnis – mit den Bedürfnissen und dem So-sein des Kindes hat das im schlechten Fall nichts mehr zu tun. Eine „Liebe“, die verwöhnt und bewundert ist eine Talmiliebe, die das Kind in die Isolation treibt. Es lernt: Um mein Eigenes geht es nie, sondern um das, worum ich bewundert werde; in extremer Ausprägung heißt das, ich selbst bin wertlos, ich darf nicht existieren, außer in Symbiose mit den Wünschen der Mutter. Alice Miller bringt die Sache auf den Punkt:

> „Wenn Adolf Hitler tatsächlich ein geliebtes Kind gewesen wäre, dann wäre er auch liebesfähig geworden. Seine Beziehungen zu Frauen, seine Perversionen und seine ganze distanzierte und im Grunde kalte Beziehung zu Menschen zeigen aber, dass er von keiner Seite Liebe erfahren hat.“ (Miller S. 212)

Vielmehr ist davon auszugehen, dass er jede Bindung, jede zwischenmenschliche Nähe als bedrohliche Vereinnahmung vermeiden musste. Ein Satz von Claudia Heyne über die Opfer der „sanften Gewalt“ scheint mir diese Seite der Gewalterfahrung Adolfs genau zu umreißen:

> „Da die Grunderfahrung eines narzisstisch missbrauchten Kindes darin besteht, dass in einer Beziehung zu einem anderen Menschen immer nur Platz für ein Ich ist, kann es sich Beziehungen zu anderen Menschen nur in der Polarität von Unterwerfung und Herrschaft vorstellen.“ (Heyne S. 344)

Die Gewalterfahrung Adolfs war eine doppelte, er war Opfer der Brutalität des Vater und Opfer des seelischen Missbrauchs der Mutter. Hans-Joachim Maaz spricht treffend von „Vaterterror“ und „Muttervergiftung“. (Maaz S. 121f.)

In dieser Welt kann man sich nur mit äußerster Gnadenlosigkeit vor dem Untergang bewahren. Der Boden der Selbstbehauptung ist ein Glutherd aus Angst, Rachsucht und Wille zur Destruktion. Nur auf dieser Grundlage kann man etwas aufbauen, großer Architekt sein, „neuen Lebensraum“ schaffen. Hermann Rauschning hat die Vorstellungen und Aussagen Hitlers warnend verdeutlicht:

> „Meine Pädagogik ist hart. Das Schwache muss weggehämmert werden. Es wird eine Jugend heranwachsen, vor der sich die Welt erschrecken wird. Eine gewalttätige, herrische, unerschrockene, grausame Jugend will ich. Schmerzen muss sie ertragen. Es darf nichts Schwaches und Zärtliches an ihr sein. Das freie, herrliche Raubtier muss erst wieder aus ihren Augen blitzen. Stark und schön will ich meine Jugend.“ (Rauschning S. 237)

Ich meine, wenn man es sehen will, kann man es sehen, auch diese monströse Destruktivität ist ein Resultat entsprechender Erfahrung, weder Rätsel noch Ausfluss eines Triebschicksals, eines blinden Zufalls oder der Vorsehung. Es ist die verschlingende Gewalt der Mutter, ihr Verrat und ihr emotionaler Missbrauch, es ist die Abwesenheit und körperliche Gewalt des Vaters, seine Rage, seine Gnadenlosigkeit. Ich meine, es ist ganz einfach, erschreckend einfach: Vereinnahmung provoziert Aggressivität und Hass, Demütigung reizt den Stolz,

Schutzlosigkeit transformiert sich in Härte, Gewalt erzeugt Rachedurst. Diese Gefühle entstehen zunächst und immer wieder in den damaligen langjährigen Situationen und lagern sich bei Adolf allmählich in einem Bodensatz aus Rachsucht und Triumphsucht ab. Es entsteht eine Haltung zur Welt, die von Bedrohtheit, abgründigem Hass und Drang nach Bewunderung geprägt ist. Als „Normalbürger" hat man Schwierigkeiten, diese Motivlage nachzuempfinden; vor allem auch deshalb, weil es schwerfällt und schmerzhaft wäre, die Opfersituation nachzuerleben. Wenn es aber gelingt, sich etwas in diese exemplarische Opfersituation zu versetzen – das verprügelte Opfer neben der bewundernden und schwachen Mutter –, wird die „Lösung" einer triumphalischen Rachsucht doch nachvollziehbar. Psychologen fällt es leichter, diese Zusammenhänge zu sehen, so z.B. Helm Stierlein, Adolf Hitler, 1975; Alice Miller, Am Anfang war Erziehung, 1983; Arno Gruen, Der Fremde in uns, 2000. Die langsame Entfaltung der zunehmenden Kontakt- und Bindungstörungen, Unnahbarkeit, Verstiegenheit und Verschrobenheit bis hin zu geistesgestörtem Verfolgungswahn haben Matussek et al. in „Hitler Karriere eines Wahns", 2000, eindrücklich und nachvollziehbar beschrieben.

Vernebelung der Hassentstehung – Schutz der Familie

Historiker und viele andere Geisteswissenschaftler tun sich schwerer als Psychologen. Nach dem Krieg gehört das Verprügeln der Kinder zudem noch zum guten Stil. So meint Jetzinger 1957: „Es mag schon sein, dass der recht unfolgsame und widerborstige Bub ab und zu eine appliziert bekam, verdient hätte er es redlich ..." (Jetzinger S. 94) Andere kommen der Sache sehr nahe, um dann kurz vor Schluss noch abzubiegen. Am Beispiel von Ian Kershaws Hitler-Buch möchte ich dieses „Abbiegen" etwas genauer untersuchen. Es ist eine der Nebelkerzen, die schließlich den Eindruck des „Rätselhaften" bewirken.

Zunächst fasst Kershaw seine Darstellung der Kindheit Hitlers m.E. treffsicher und feinfühlig zusammen:

> „Es steht außer Frage, dass die früheste Kindheit eine tiefgreifende Wirkung auf ihn ausübte. Unter der Oberfläche nahm der künftige Hitler fraglos bereits Gestalt an. Mag es auch Spekulation bleiben, die Vorstellung, dass der Charakter in dem vielschichtigen Geflecht der familiären Prägung in Adolfs Kindheit »wurzelt«, bedarf wenig Phantasie: Zu nennen sind die spätere gönnerhafte Geringschätzung für die Fügsamkeit von Frauen, die Herrschsucht und das Image des »Führers« als strenge, autoritäre Vaterfigur; die Unfähigkeit, enge persönliche Bindungen einzugehen und die entsprechende gefühlskalte Rohheit gegenüber dem Menschengeschlecht und der allumfassende Hass, der Ausdruck eines unermesslichen Selbsthasses gewesen sein muss, versteckt hinter der Maske des Gegenteils, eines extremen Narzissmus." (Kershaw Kap. 1)

Bis hierher muss man weitgehend zustimmen und kann lediglich auf eine Lücke hinweisen: es fehlt die Angst und Hitlers Bedrohtheitsgefühl; der sich steigernde Wahn, von den „Juden“ gehasst und zu Tode bedroht zu sein, durchzieht seine ganze Karriere.

Im nächsten Satz nun vollzieht Kershaw die abrupte Wende: „Man kann darüber nur Vermutungen anstellen.“ (Im Original noch etwas zaghafter: „But assumptions have to remain guesswork.“) Das heißt, man brauche einerseits wenig Phantasie („it takes little to imagine“), um zu sehen, dass das Vermögen zu abgrundtiefem Hass („the capacity for hatred so profound“) in der Biografie wurzelt, d.h., es liegt beinahe offen zu Tage; andererseits „müssen Vermutungen ein Ratespiel bleiben“. Wie passt das zusammen? Einerseits: der spätere Hitler wurde unbestreitbarerweise, „unquestionably“ bereits in der Kindheit geformt. Andererseits ist alles Spekulation und Raterei. Der anschließende Text liefert Aufklärung, dort heißt es: „Soweit rekonstruierbar, liefern die äußeren Anzeichen in Adolfs frühen Jahren keinen Hinweis auf die spätere Entwicklung.“ Adolf war demnach allem äußerem Anschein nach ein normaler Schüler, Sohn, ein normaler Junge. Und, so die dahinterstehende Annahme, wenn es diesen Glutherd der Menschenverachtung schon in der Kindheit gegeben hätte, dann hätte er sich auch bereits damals zeigen müssen. Er zeigte sich aber nicht, so Kershaw, sondern im Gegenteil, wenn wir die weitere Zukunft außer acht lassen, dann rufen diese „familiären Gegebenheiten“ sogar „Mitgefühl für das Kind“ hervor. Der kleine Adolf war also gar nicht diese abartige und abstoßende Person, die wir erwarten würden, wenn wir von einem Glutherd der Verachtung ausgehen. Wir stehen demnach, Kershaw folgend, vor einem Rätsel: der Hass hat sicher seine Wurzeln in der Kindheit, aber er zeigt sich nicht in der Kindheit. Wir sind verunsichert. Wenn der Hass wirklich damals entstand, müsste er sich auch schon damals zeigen. Darin besteht die Abbiegung, man sieht den Entstehungszusammenhang deutlich vor Augen, aber gleich danach verrätselt man ihn wieder. Der Hebel dieser Verrätselung ist das Mitgefühl, das diese „familiären Gegebenheiten“ (sic!) hervorrufen. Nicht das Kind Adolf ruft das Mitgefühl hervor, sondern die Gegebenheiten. Man wendet sich nicht dem Kind zu, sondern den familiären Verhältnissen im Allgemeinen. Und erst dieser Blick erzeugt das Mitgefühl, ein Spötter würde sagen eine Soße des Mitleids, die alles unter sich ertränkt.

Würde man genauer hinsehen, würde man zu einem differenzierteren Blick gelangen, der Adolf schon in seiner Kindheit in seiner Ambivalenz sichtbar werden ließe. Erschwert wird diese Sicht freilich zum einen dadurch, dass der Glutherd verborgen wird, bis die Gelegenheit kommt; alle Amokläufer, Mörder, Diktatoren besitzen eine alltagstaugliche Persönlichkeit, die die kalte Glut meist gut kaschiert, und gerade Hitler war ein meisterhafter Schauspieler einer Opferrolle und Verführer zu Grandiosität, eine Doppelnatur. Und zum anderen dadurch, dass die frühe Glut nur den Kern liefert, der sich im weiteren Lebensfortgang entfaltet und weiter genährt wird. Aber dennoch denke ich, der Glutherd, d.h. der Umschwung von Bedrohtheit und Opfersein hin zur (latenten) Tätermotivation, zum kalten Hass, wird sich nie ganz verbergen lassen. Die späteren Täter sind schon weit vor der Tat beizeiten „auffällig“, „a-sozial“, verschroben, wirken kalt und unnahbar. Die Glut des kalten Hasses strahlt immer wieder etwas durch, so meine These. Diese Ausstrahlung wird es auch mit sich bringen, dass wir, wenn wir genauer hinsehen, mit dem Kind kein Mitgefühl empfinden. Das Kind wird eher unsympathisch, „schwierig“, fremd und dergleichen wirken. Kershaws Verrätselung würde sich damit auflösen. War das beim kleinen Adolf der Fall, lässt sich das heute noch nachvollziehen? Ich denke, ja. Etliche Hinweise deuten in diese Richtung. Hitler selbst sagt über seine Schulzeit in „Mein Kampf“, er sei ein „kleiner Rädelsführer“ geworden; sein Halbbruder Alois sagte in einem Verhör 1948:

> „Er war herrschsüchtig, von Kindheit an schnell wütend und hörte auf niemanden ... Meine Stiefmutter stand immer auf seiner Seite. Er hatte die verrücktesten Ideen. Wenn er nicht seinen Willen durchsetzen konnte, dann wurde er zornig ... er hatte keine Freunde, mochte niemanden, und konnte sehr herzlos sein. Wegen jeder Nebensächlichkeit konnte er in Wut geraten." (Toland S. 26)

Vor Zärtlichkeiten seiner Geschwister ergriff er panisch die Flucht. Später berichtet sein „Freund" Kubizek von vielerlei Kontaktvermeidungen. Stefanie Rabatsch „liebte" er jahrelang, beobachtete sie aus der Ferne, ohne sie jemals in irgendeiner Form zu kontaktieren und war sich dennoch ihrer Gegenliebe völlig sicher. „Er konnte nicht mit den anderen sein, sondern nur über den anderen." (Matussek S. 105ff.) Auf dem Klassenfoto von 1899 posiert er keck und selbstbewusst in oberster Position:

Klassenfoto von 1899, Ausschnitt, der zehnjährige Hitler oben Mitte

So sieht kein Opfer aus, auch keiner, mit dem man Mitleid haben muss, die Konvertierung zur Tätermotivation ist hier vollzogen. – Auch der kleine Hitler ruft also, nach allem, was wir wissen, durchaus nicht nur Mitgefühl hervor. Es zeigt sich keine „abartige Persönlichkeit", aber durchaus jemand, der für sich einen herrischen Sonderstatus außerhalb und oberhalb der menschlichen Gemeinschaft anstrebt. Das Grundmotiv der Verachtung und Gewaltbereitschaft zeichnet seine Spuren durchaus schon in diesen jungen Jahren. Bei einem herrschsüchtigen, herzlosen Zehnjährigen kann man mit hoher Wahrscheinlichkeit auf eine schwere Traumatisierung schließen. Oder umgekehrt gesagt: Typische Langzeitfolgen von körperlichen und seelischen Gewalterfahrungen von Jungen sind Gewaltakzeptanz, Dominanzverhalten, Aggressivität, Verachtung von Schwächeren, Inszenierung von Bedrohungen.

Die erste Nebelkerze, undifferenziertes Mitleid, vernebelt die unsympathischen Züge schon des jungen Adolf. Eine zweite Nebelkerze dämpft nun das Mitgefühl generell. Hitlerbiografen haben die mehr oder weniger stark ausgeprägte Neigung, den Terror der Kindheit Hitlers zu verharmlosen. Das Standardmodell ist die „übergroße Strenge des Vaters", die aber durch die „liebevolle Mutter" wieder „ausgeglichen" werde. Hitler habe, so wieder neuerdings Volker Ullrich, „eine ziemlich normale Kindheit" gehabt (Ullrich S. 30). Aussagen der Schwester bewertet man dann in dieser Tendenz als „Übertreibung" (S. 29), Aussagen des Bruders und andere Quellen werden ignoriert. Seit Jahrzehnten gehen die Einschätzungen der Historiker und der Psychohistoriker hier weit auseinander. Die einen lieben die „Fakten", die letzteren die „psychischen Realitäten". Der geneigte Leser möge nun die folgenden kurzen Schilderungen langsam lesen und versuchen, sich innerlich auf sie einzulassen, mit der Leitfrage „Wie war das für das Kind?".

In der Biografie Hitlers existieren unbestritten eine Vielzahl an Gewalterfahrungen, Identitätskrisen, Manipulationserfahrungen. Der gewalttätige und im Jähzorn äußerst brutale Vater ist durch viele Szenen belegt. Schwester Paula erzählt von der damals zuhause üblichen täglichen Tracht Prügel für Bruder Adolf (Zdral). Alois, der Bruder Adolfs beklagt, dass ihn sein Vater häufig „unbarmherzig mit der Nilpferdpeitsche geschlagen" habe. Einmal wurde er „wieder von seinem Vater ... mit der Peitsche traktiert und dann so lange misshandelt, bis er das Bewusstsein verlor." Auch Adolf wurde wohl ausgepeitscht und „den Hund schlug der Herr des Hauses »so lange, bis er sich krümmte und den Fußboden näßte«." (Toland S. 26). Alois' Sohn berichtet eine Begebenheit, die ihm sein Vater erzählte: Im Alter von 11 Jahren wollte Adolf mit anderen mit einem Floß flüchten. Der Vater hörte davon und ging zum Fluss, wo das Floß gebaut wurde. „Er bekam einen Wutanfall und prügelte Adolf so heftig, dass er bei der Heimkunft befürchtete, ihn getötet zu haben, aber Adolf überlebte." (Stierlin S. 23). Schwester Paula erinnert sich, Adolf habe „unseren Vater zu großer Härte herausgefordert; jeden Tag überschlug sich seine Stimme." (Toland S. 30) Diese Indizien und Belege lassen die Hölle dieser Kindheit mehr als deutlich werden. – Jahre später sieht man dann den nicht nur am Rednerpult, sondern in seinem realen Wirken schäumenden und tobenden Hitler in seinem planetarischen Vernichtungshass – hier schon, in seiner Kindheit, sieht man die ganz ähnliche grenzenlose Verlorenheit und Brutalität in ihrem Mikrokosmos.

Wenn man hier mit dem Hinweis auf bloße „Ratespiele" zum nächsten Thema übergeht, verpasst man eine Chance. Zu welchem Zweck befassen wir uns mit dieser Biografie, wenn nicht zu dem, hier etwas für die Lebenspraxis zu lernen? Hier können wir begreifen, dass es die erfahrene Demütigung und der Verrat, die erfahrene, variantenreiche Brutalität und instrumentelle Bewunderung ist, die allmählich ein Glutbecken des kalten Hasses anfacht. Die Genese von Hass hängt sicher auch mit Umständen zusammen, die außerhalb des Handelns der Familie liegen und auch mit einer angeborenen Wesensart. Aber in der Hauptsache ist es das Handeln der Menschen, das das menschliche Handeln hervorbringt. Die großen und kleinen „Raubtiere“, die Amokläufer und Tyrannen wie auch ihre Bewunderer, die Mittäter und Mitläufer – sie sind selbstgemacht.

„Eine ziemlich normale Kindheit“ schreibt der Historiker Ullrich und wahrscheinlich hat er recht im Sinne von „eine ziemlich normale Hölle“, der auch all die Mittäter und aktiven Mitläufer entstammen, die endlich eine Gelegenheit bekommen, ihrer Rachsucht und ihrer Größensucht staatlich anerkannt Ausdruck zu verschaffen. Ullrich zitiert Kershaw: „Bemerkenswert an den Umwälzungen der Jahre 1933/34 war nicht, wie viel, sondern wie wenig der neue Kanzler zu tun brauchte, um die Ausweitung und Festigung seiner Macht zu erreichen.“ (Ullrich S. 841)

1945 spricht Ernst Cassirer in seinem letzten Buch „Vom Mythus des Staates“ von der „Rückkehr des Fatalismus in unsere moderne Welt“ (Cassirer S. 384). Und er meint, von allen traurigen Erfahrungen der letzten zwölf Jahre sei diese „vielleicht die furchtbarste“, der moderne Mensch kann „leicht in den Zustand vollständiger Ergebung und Sichberuhenlassens zurückgeworfen werden. Er stellt seine Umgebung nicht mehr in Frage, er nimmt sie als eine natürliche Sache hin.“ (S. 373) Zeitweise ruhelos und neuerungssüchtig, dann wieder lethargisch und fatalistisch; einerseits hyperaktiv, beschleunigt – kann man hinzufügen – andererseits unterwürfig, symbiotisch. Die modernen Menschen, schreibt Cassirer, „haben aufgehört, freie und persönlich handelnde Menschen zu sein.“ (S. 373) Die Einheit des Handelns zerfällt nach dieser Diagnose in die zwei Extreme Hyperaktivität und Ergebenheit. In der Mitte eine Leerstelle.

ANGST, HASS UND GRÖSSE – ZUR DYNAMIK DES VERNICHTENS

Unfreundlichkeit und Überheblichkeit sind Geschwister,
sie wachsen gemeinsam auf und werden zusammen größer.

Zur Verdeutlichung des monströsen Charakters Hitlers als Exemplar eines Massenmörders zunächst die Skizze einer psychodynamisch gesunden Kindheit und Jugend im Sinne eines humanistischen Menschenbildes.

Grafik 1: Schematisch ein gesundes Selbst als Kind

Der große, hellgraue Kreis steht für das Gefühl der Zufriedenheit mit sich und das Wohlwollen der Umgebung. In diesem Bereich der Selbstannahme gibt es einen kleinen, grauen Plus-Bereich. Er steht für Lernbereitschaft, Entwicklungsfreude sowie Förderung und Lob.

Der kleine schwarze Pfeil oben soll anzeigen, dass die Affektivität, die emotionale Aufladung des Lobs und des Stolzes nicht ausgeprägt sind. Der weitaus größte Bereich des Kreises ist hellgrau: das Kind erfährt hauptsächlich Annahme, Bejahung, Zuneigung in dem wie es ist. Der kleine schwarze Minus-Bereich unten steht für Kritik, Korrektur und das Lernen diverser Kulturtechniken auch hier bei schwacher Affektivität.

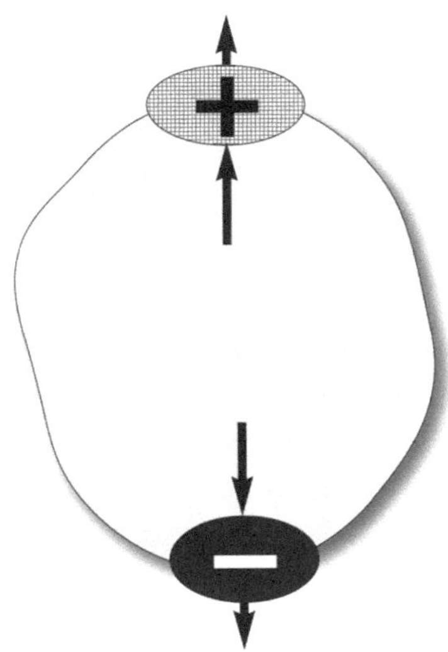

Grafik 2: Schematisch ein gesundes Selbst als Erwachsener

Die verinnerlichten Erfahrungen, 2. Grafik, setzen sich dann schematisch gesehen um in Zukunftspläne, Hoffnungen, Selbstentwicklung, Ausbildung und Lernen, wiederum bei schwacher Affektivität. Die Außenleitung wird jetzt auch durch die Innenregulation unterstützt (innere Pfeile). Das Kind will allmählich selbst, was es wollen soll und im guten Fall wird das Selbst des Kindes dabei hauptsächlich kultiviert und gefördert und wenig verbeult. Das Lebensgefühl wird bestimmt von einem weitgehenden Gefühl des „Ich bin OK“. Es bildet sich ein gering deformiertes Selbst mit lebendiger Resonanzfähigkeit nach Innen und Außen. Der schwarze Minus-Bereich ist nicht groß und symbolisiert wenige ausgegrenzte unkultivierte Seiten, abgewöhnte Eigenschaften, sowie Gefühle von Selbstablehnung, Scham und Schuld, wiederum bei geringer Affektivität.

Die Innenregulation (Gewissen, Scham, Schuld) wird zur hauptsächlichen Handlungsanleitung; die Außenregulation (Anpassungswünsche, Angst vor Strafe) ist nicht übermächtig.

Hitlers Erfahrungen in Kindheit und Jugend unterscheiden sich von diesem Modell in hohem Maße. Seine Erfahrungen an sanfter und harter Gewalt, die Aufspreizung zwischen Größenselbst und Hass, Berufung und Selbsthass kann man grafisch folgendermaßen verdeutlichen.

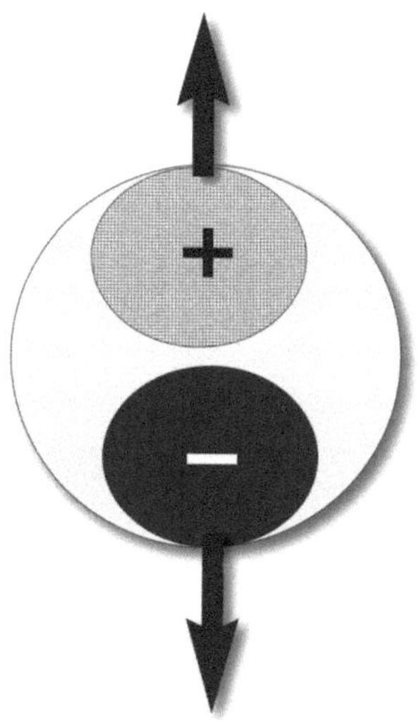

Grafik 3: Schematisch das Selbst Adolf Hitlers als Kind

Die graue Plus-Fläche symbolisiert wieder das, was durch Lob und Bewunderung aufgewertet wird. Sie nimmt hier einen bedeutenden Teil des Selbsts ein. Diese Gefühle werden vergrößert und kräftig nach „oben“ gezogen. Die emotionale Aufladung ist groß. Die Mutter hatte vor Adolf bereits drei Kinder, die alle vor dem 3. Geburtstag verstorben sind. Wir müssen annehmen, dass sie bei ihrem vierten Kind, Adolf, eine Wiederholung sehr fürchtete und ängstlich und überfürsorglich war. „Ruhe, Zufriedenheit und Geborgenheit“ (Miller S. 214) wird sie ihrem Kind nicht vermittelt haben können, eher ein Gefühl des Besonderen, des besonderen Schatzes des ersten überlebenden Kindes, der er für sie war. Er ist der Beweis für ihren Wert als Mutter, sie kann doch Leben hervorbringen. Und er ist der Trost für ihre Trauer um seine toten Geschwister. Um ihn selbst geht es in erster Linie nicht. Die Mutter schwelgt später mit ihm in seiner rosigen Zukunft als Künstler, er genießt Sonderrechte, Sonderpositionen in der Gruppe, er ist der Einzige, der verwöhnte Prinz. Er ist mit seiner Mutter innig verbunden als ihr Delegierter, der sie rettet und erlöst. Später wird er der Erlöser, der Erwählte, der Mensch der Sondernorm, der Delegierte und der Berufene.

Die dunkle Minus-Fläche unten symbolisiert das, was verlacht und abgewertet wird, das Schwache, Hilflose, Jämmerliche. Es herrscht das Gefühl vor, von feindlichen Mächten, später vom jüdischen Bolschewismus umstellt zu sein. Hier wirken Angst und Bedrohung, Hass und Strafe, Demütigung. Es ist anfangs Adolfs vermeintlicher Ungehorsam, seine Eigenwelt, das, was sein Vater an ihm hasste und aus ihm herausprügeln wollte. Es ist der Glutherd des Hasses gegen den schlagenden Vater und die vereinnahmende und verräterische Mutter, eine Glut, die das Kind verbergen muss, so gut es geht.

Der große Kreis steht wieder für das Selbst, das Selbstempfinden. Seine große hellgraue Fläche für Selbstannahme, Zufriedenheit mit sich, Sein-dürfen und Angenommen-werden wie man ist. Dieser hellgraue Bereich ist hier anteilsmäßig relativ klein. Die Bewunderungs- und die Abwertungserfahrungen sind groß und es wirken starke Affekte auf sie ein – massive Pfeile. Dieses Selbst wird in hohem Maße verehrt, andererseits schmerzlichst erniedrigt und muss in einer feindlichen und höchst bedrohlichen Umgebung überleben.

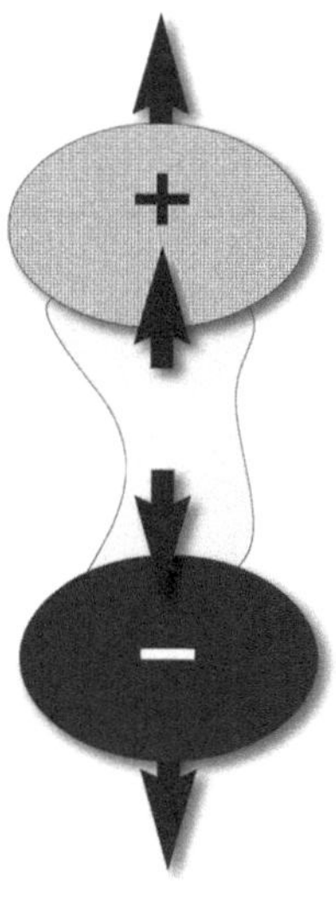

Grafik 4: Schematisch das Selbst Adolf Hitlers als Erwachsener

Mit der Verinnerlichung dieser Erfahrungen werden die Affekte von Bewunderung und Hass auch nach Innen verlagert, schwarze Pfeile innen. Das Kind fühlt sich nun auch von selbst so wie man es ihm beigebracht hat. In beiden Richtungen wurde und wird etwas aus der Mitte (Selbstannahme) zunehmend entfernt. Einmal nach oben „so bin ich idealerweise, potentiell, eigentlich, in Zukunft, so werde ich sein". Einmal nach unten „das ist das Falsche, der Dreck, das Bedrohliche, das zerstört werden muss." Die Gegenwart „so bin ich" wird eng, klein und deformiert, der hellgraue Bereich schrumpft. Die Antwort auf die Frage „Wer bin ich?“ spaltet sich sogleich auf in zwei ausweichende Antworten: So war ich und so werde ich sein. Das eine ist das Verhasste, Verachtete und Ekelige, das andere ist meine Berufung, das, was ich sein werde, wofür ich mit äußerster Konsequenz bis zum bitteren Ende kämpfen werde. Es kommt zu sich aufschaukelnden Eskalationen der Innen- und Außenregulation. Frenetisch begeisterte Massen bestätigen und verstärken später die Größenideen. Niederlagen werden mit weiter gesteigerten triumphalischen Vernichtungsvorhaben übertüncht.

Die große, graue Plus-Fläche symbolisiert allerlei Bewunderungsintrojekte wie Größenselbst, Herrenmenschen, Gefühl der Auserwähltheit, Berufung, Gefühl der Sonderrechte, Gefühl, der erwählte Überlebende zu sein, Gewissheit einer großen Zukunft.

Die mittlere hellgraue Bereich symbolisiert den deformierten Selbstrest, ein Defizit an Empathiefähigkeit für sich und andere, Kälte, Unnahbarkeit. Defizite an Scham- und Schuldfähigkeit.

Die schwarze Minus-Fläche steht für Abwertungsintrojekte wie Selbstablehnung, Untermensch, Angst, Hilflosigkeit, Hass, Bestrafungsbedürfnis, Bedrohtheitsgefühle, Selbstekel, Härte, Grausamkeit.

Dieses psychische Muster „Bewundern und Abwerten“, „Überhöhen und Ausmerzen“ ist eine extreme Form des Schwarz-Weiß-Denkens, ein Schwarz-Weiß-Fühlen, ein Leben im Kriegsmodus in einer vermeintlich äußerst feindseligen Umgebung. Das Schwarze muss ausgepeitscht und vernichtet werden, das Weiße wird erhöht und vergöttert. Die Mitte des Selbst wird ausgedünnt, Selbstempathie und Mitgefühl mit anderen sowie Resonanzfähigkeit schrumpfen und verkümmern. Die Fähigkeit zu Selbstironie, Charme, Spontaneität, zu einem Leben ohne Krieg geht verloren. Das Muster kann auf vieles ausgeweitet werden, auf das eigene Selbstverständnis, auf Freund und Feind, auf „Deutsche“ und „Juden“, auf Unter- und Herrenmenschen ...

Die augenfälligen Unterschiede zum Gesunden sind die massive Bewunderung und die massive Abwertung bei sehr hoher Affektivität und Bedrohtheit, sowie die ausgeprägte Deformation eines resonanzfähigen Selbstkerns, der in Verbindung zu sich und seiner Umgebung steht. Berufung zu illusionärer Größe und Hass auf vermeintliche Feinde sind die zwei Prothesen, die anstelle eines empfindungsfähigen Selbsts agieren. In „Mein Kampf" schreibt er: „So glaube ich heute im Sinne des allmächtigen Schöpfers zu handeln: Indem ich mich des Juden erwehre, kämpfe ich für das Werk des Herrn." (Hitler S. 70) Er fühlt sich als Kämpfer Gottes, als Erwählter in höherem Auftrag, gleichzeitig lebt er in Furcht und in höchster Not, sein Bedrohtheitswahn wird zunehmend paranoid. Noch Anfang 1945 spricht er zu Bormann über die jüdische Opposition:

> „Sie wollen unsere Ausrottung, darüber gibt es keinen Zweifel ... Dem totalen Hass, der uns umbrandet, können wir nur den totalen Kampf entgegensetzen. Wir kämpfen ums nackte Leben; dieser Krieg ist ein Verzweiflungskampf um Sein oder Nichtsein." (Matussek S. 200)

Hitlers Ziele waren von Anfang an Phantasmen; immer schon war klar, dass die Weltherrschaft in dieser Grandiosität nicht erreichbar ist. Und er kämpfte gegen eingebildete Feinde. „Juden" und andere waren ein Teil der Gesellschaft und nicht feindlicher oder freundlicher als andere. Wenn man Hitler einmal für einen Moment in dieser Abgeklärtheit betrachtet und seinen Vernichtungshass beiseite stellt, dann erscheint er als Streiter für illusionäre Ziele gegen einen eingebildeten Feind. Auf einmal zeigt sich eine Ähnlichkeit mit Don Quijote und zugleich ein greller Abstand: das völlig Unpoetische, das erstarrte Nicht-spielerische und das absolut Unehrenhafte. Nicht nur die Menschlichkeit und die Leichtigkeit, auch die Ehre wurden dem Angstwahn und dem Hass geopfert.

Erst in den bundesweiten Ausstellungen des Hamburger Instituts für Sozialforschung von Jan Philipp Reemtsma in den Jahren 1995 bis 2004 zu den Verbrechen der Wehrmacht wurde diese letzte Tatsache gegen große Widerstände in den einzelnen Städten dem Bewusstsein nähergebracht. (Siehe dazu ausführlich Wikipedia:Wehrmachtsausstellung)

Das Poetische, das Spielerische, das Ehrenhafte und auch das Wohlwollende und Fürsorgliche der Umgebung Don Quijotes – wie findet man es wieder? Hitler verkörpert den Modus des „totalen Krieges", dem buchstäblich alles andere zum Opfer gebracht wird, jede Humanität, jeder Vertrag, jede Friedensoption. Im Privaten war er linkisch und hölzern, als Kriegspropagandist, als Hassprediger und im Krieg war er „zuhause". Der angesprochene Verlust hängt direkt mit dieser Angst-Wahn-Krieg-Vernichtung zusammen. Man kann deshalb auch so fragen: Wie konnte es zu diesem Angst-Hass-Wahn kommen, wie lässt sich dieser Modus beenden und möglichst auf Dauer unwahrscheinlich machen?

URSPRUNG DER AGGRESSION – HÖLLE UND VORHÖLLE

Der harte Vernichtungswille Hitlers ist nicht so leicht zu sehen. Man ist es zu sehr gewohnt, in einem an Freud orientierten Lust-Schema zu denken. Aggression entstammt in dieser Sicht, wenn sie nicht angeboren ist, einer Wut oder Rache wegen entgangener Größe oder verweigertem Genuss. Das Standardexperiment der Frustrations-Aggressions-Hypothese verlief so: Ein Kind wird in einen Raum geführt, in dem hinter einem Gitter viele schöne Spielsachen liegen. Diese Spielsachen sind begehrt, aber unerreichbar. Man lässt das Kind lange warten. Öffnet man schließlich das Gitter reagieren viele Kinder aggressiv und werfen mit den Spielsachen um sich anstatt zu spielen. (John Dollard 1939, Kurt Lewin et al. 1941) Wunschversagung erhöht die Wahrscheinlichkeit für aggressives und regressives Verhalten, Aggression stammt aus Frustration. Oft trifft das zu, aber Hitler kommt man, meine ich, so nicht näher. Hier ging es nicht um Macht oder Lust, sondern um Leben oder Tod. Quelle dieser Aggression ist nicht Frustration, sondern Todesangst.

In dem sehr lesenswerten Buch von Jan Philipp Reemtsma „Vertrauen und Gewalt“, von dem ich viel gelernt habe, kommen auch die Gewalttaten der NS-Diktatur zur Sprache. Reemtsma spricht überzeugend von einer „Bande Minderjähriger“, die ihrem Bandenchef zuarbeiten wollen und beschreibt die „regressive Lust“ und die Omnipotenzgefühle großspuriger Schlägertrupps als „Rache verrückt gewordener Kinder“, die dabei ein unbeschreibliches Vergnügen empfinden, infantile Regressionen und Schmierereien auszuleben. „Fröhliche, losgelassenen Kinder“, die aus Lust demütigen und erniedrigen, ihre absolute Macht genießen und dabei selbst teilweise unbeholfen und unsicher sind. (Reemtsma S. 439ff.)

Das alles beschreibt und erklärt vieles, aber es ist sozusagen nur die Vorhölle des Ganzen. Hitler selbst war aus anderem Holz. Zur Verdeutlichung eine kleine Textanalyse: Das Erleben absoluter Macht beschreibt Reemtsma so:

> „Und dies geht einher mit einem ungeheuren Schub des Selbstvertrauens ... Selbst- und Weltvertrauen potenzieren sich im Medium der absoluten Macht, des Sich-alles-herausnehmen-Könnens: »Ich weiß, dass ihr mich stets für einen schwachen Mann gehalten habt. Ihr seht jetzt meine Kraft und Macht« – wie der kleine Junge, der singt: »Totmachen! – Alter Jude, alter Jude!«“ (S. 449 f.)

Das mag auf viele Mittäter zutreffen, auf Hitler oder andere Massenmörder passt es nicht. Hitler hatte nicht sein Selbstvertrauen verloren, sondern sein Selbst. Er weiß gerade nicht(!), dass man ihn für einen schwachen Mann gehalten hat – dieser Gedanke wäre für dieses brüchige Selbst sehr bedrohlich und wird mit aller Macht, mit grandiosen und gewalttätigen Gesten übertüncht. Selbstrelativierung, Selbstironie, Kritik, das sind alles Minenfelder. Angst vor absoluter Beschämung und Angst um Leib und Leben bestimmten sein Leben. In seinem elementaren Hass geht es um Sein oder Nicht-Sein und erst sekundär um Macht oder Ohnmacht. Sein Leben war ein auf Dauer gestellter Ausnahmezustand, ein pausenloser Kampf auf Leben und Tod, bei dem nur EINER überleben konnte, die Arier oder der Feind. Die Planmäßigkeit des Holocaust war keine Schikane von Kindern. Reemtsmas Banden-Karrikatur ist zwar alles andere als harmlos (S. 444), aber der harte Vernichtungswille hat andere Quellen.

Hitler hat ab seiner Jungend zeitlebens diese Bedrohung durch die Juden, durch das Lachen der Juden, durch den Bolschewismus formuliert. „Wer leben will, der kämpfe also, und wer nicht streiten will in dieser Welt des ewigen Ringens, verdient das Leben nicht. Selbst wenn dies hart wäre – es ist nun einmal so!“ (Hitler S. 317) Die nationalsozialistische Bewegung muss dafür sorgen, „dass wenigstens in unserem Lande der tödlichste Gegner erkannt und der Kampf gegen ihn ... auch den anderen Völkern den Weg weisen möge zum Heil einer ringenden arischen Menschheit.“ (S. 724) Das jüdische Volk nämlich, so sein Verfolgungswahn, strebe nach der Weltherrschaft und der Jude „geht seinen Weg, den Weg des Einschleichens in die Völker und des inneren Aushöhlens derselben ... bis zur blutigen Ausrottung der ihm verhassten Gegner.“ (S. 751) Die tatsächliche „blutige Ausrottung“ war die Antwort auf die eigenen Wahnideen.

Die Hölle, das war die Todesangst. Man stelle sich – ein bisschen wenigstens – einen Jungen vor, der, von seiner Mutter idealisiert und schutzlos von seinem Vater ausgepeitscht wird, bisweilen bis er halb tot ist oder das Bewusstsein verliert. Was bewirkt das in einem Kind? Wir wissen es nicht genau, aber erstaunlich und auffällig ist, dass die spätere Zeit wie eine Reinszenierung desselben Musters aussieht: Überhöhung zum Alleinherrscher und grausamstes Vernichten findet in derselben Situation statt. Die Hölle der Kindheit ist keine monokausale Erklärung für die Hölle, die Hitler später reproduzierte, aber eine von mehreren notwendigen Bedingungen.

Nur ein beliebig herausgegriffenes Beispiel für die Wichtigkeit des Lebensanfangs: In einer qualitativen Studie der Forschungsstelle Terrorismus/Extremismus des Bundeskriminalamts wurden 31 verurteilte Straftäter und weitere 8 Personen aus „terroristischen bzw. extremistischen Umfeldern“ in freien Interviews befragt. Im Ergebnisbericht heißt es:

> „In allen Fällen standen deutliche familiäre Belastungen im Hintergrund, die sich in Suchterkrankungen der Eltern, Verlusterlebnissen und schwerster häuslicher Gewalt ausdrückten. In keinem Fall kann von einem intakten Elternhaus gesprochen werden.“ (Lützinger S. 37)

Vernichtung oder Solidarität – Der Scheideweg

In der exemplarischen Prügelszene in Adolf Hitlers Kindheit werden Todesangst und Gefühle abgründiger Hilflosigkeit durch Kontrolle und Selbstbeherrschung überwunden. Ich weine nicht, ich schreie nicht, ich bin ein tapferer, stolzer Indianer, den Mutter bewundern wird. Ich hasse den Vater, der mir das antut, aber den Hass kann ich nicht zeigen, das wäre zu gefährlich und auch nicht im Sinne von Mutter, die immer noch die Frau dieses Schlägers ist. Dieselbe Logik der Gefühle greift fünfzehn Jahre später für den Soldaten Hitler im Schützengraben des Ersten Weltkriegs. Todesangst und Fluchtimpulse werden durch Selbstbeherrschung überwunden. Ich weine nicht, ich breche nicht jammernd zusammen, ich bin ein pflichtgetreuer Soldat. Ich hasse den Vorgesetzten, der diese sinnlosen und grausamen Befehle gibt, aber ich kann mein Handeln nicht daran ausrichten, es wäre zu gefährlich und vor allem würde ich meiner „Liebe zum Vaterland" untreu werden. Es war die „Liebe zum Vaterland", schreibt Hitler, die die Menschen damals sterben ließ, „der Glaube an die Größe desselben, das allgemeine Gefühl für die Ehre der Nation" (Hitler S. 487). Seinen eigenen Kampf mit der Todesangst und ihre Überwindung durch den Ekel vor der Feigheit beschreibt er so:

> „So ging es nun weiter Jahr für Jahr; an Stelle der Schlachtenromantik aber war das Grauen getreten. Die Begeisterung kühlte allmählich ab, und der überschwängliche Jubel wurde erstickt von der Todesangst. Es kam die Zeit, da jeder zu ringen hatte zwischen dem Trieb der Selbsterhaltung und dem Mahnen der Pflicht. Auch mir blieb dieser Kampf nicht erspart. Immer, wenn der Tod auf Jagd war, versuchte ein unbestimmtes Etwas zu revoltieren, war bemüht, sich als

> Vernunft dem schwachen Körper vorzustellen und war aber doch nur die Feigheit, die unter solchen Verkleidungen den einzelnen zu umstricken versuchte. ... Je mehr sich aber diese Stimme, die zur Vorsicht mahnte, mühte, je lauter und eindringlicher sie lockte, um so schärfer ward dann der Widerstand, bis endlich nach langem innerem Streite das Pflichtbewusstsein den Sieg davontrug."

Das Pflichtbewusstsein hat auch dann zu siegen, wenn die Befehle unsinnig waren, wie Hitler selbst gut zwanzig Jahre später sagte: „Die Offensive auf Verdun ist eine Wahnsinnstat gewesen. Die Kommandierenden auf beiden Seiten hätten vor ein Kriegsgericht gehört." (Heim S. 80) Pflichterfüllung und kritiklose Unterwerfung ist jedoch die einzige Möglichkeit für einen Charakter des absoluten Gehorsams. Alles andere sei Feigheit. Im Lazarett begegnet er einem anderen Soldaten, der sich über eine Selbstverletzung eine Auszeit erschwindelt hatte und hat dafür nur Worte der Verachtung. Einer, der seine Haut rettet und nicht den „wirklichen Helden", den „anständigen Soldaten" bewundert, ist giftig, jämmerlich, feig, gesinnungslos, frech und wird zutiefst verabscheut „mir kroch der Ekel zum Halse herauf" (Hitler S. 210). Der geschmähte Drückeberger hat sich der „Wahnsinnstat" verweigert, sinnvoller war es sicher, vielleicht auch mutiger als dieser Kadavergehorsam, der jedes eigene Denken und Empfinden mit Füßen tritt. Hitler freilich bleibt seinem Schema treu: Wer seine vermeintlich jämmerlichen Impulse zu weinen und zu wimmern in sich vernichtet, ist ein tapferer Indianer, auf den Mutter stolz sein kann. Wer das niedere Andere, im Innen oder im Außen vernichtet, ist der große Häuptling, der Führer, auf den Deutschland stolz sein kann. Wer beherrscht oder vernichtet, ist der Herr der Lage. Erfolgreiches Beherrschen und Vernichten ist eine wirksame Methode der Angstbewältigung – allerdings nur für den, dessen Sozialgefühle (Mitleid, Scham, Schuld) und dessen Selbstempathie genügend abgestumpft sind. Vor dem Russlandfeldzug kommt Hitler wieder auf seine Todesangst-Erfahrung im Ersten Weltkrieg zu sprechen: „... die Front ist oft Nervendrücken ausgesetzt ... aber da heißt es, hart sein: Eine solche Truppe muss so bald wie möglich wieder eingesetzt werden! Man kann den Tod nur mit dem Tod besiegen!" (Heim S. 75) Weniger verbrämt ausgedrückt heißt das, die eigene Todesangst kann man nur durch den Tod der anderen besiegen, Todesangst lässt sich nur durch Töten bewältigen.

Das zeitliche Zusammenfallen von Eskalationsstufen des Krieges und einer Verstärkung der Judenvernichtung ist oft bemerkt worden. (Sehr aufschlussreich dazu Gerhard Vinnai, Hitler – Scheitern und Vernichtungswut). Die jeweils gesteigerte Gewalttätigkeit lässt sich verstehen als psychische Aufrüstung, die Angst durch erfolgreiche Demütigung und Vernichtung überlagert. Hitler hat sich von den Fortschritten in den KZs ausführlich berichten lassen. Seine Sekretärin Christa Schroeder schreibt: „Ich kann mit Bestimmtheit versichern, dass Hitler von Himmler über die Vorgänge in den KZ-Lagern genauestens unterrichtet war." (Zoller S. 194) So makaber es klingt: Die Massenvernichtung anderer war wohl Hitlers Form der Psychohygiene, sein Mittel zur Wiederherstellung seiner seelischen Balance. Das Gefühl, Sieger, erfolgreicher Täter, Peiniger oder Vernichter zu sein, verscheucht die gefürchteten Schatten der Wertlosigkeit und Hilflosigkeit in den Tätern und Mittätern. Das Erniedrigen und Morden dient der psychischen Entlastung der Täter. Wer erfolgreich vernichtet, erlebt sich als Herr und nicht als hilfloses Elend – so einfach, so pervers. Gewalttätigkeit war ein verbreiterter psychische Mechanismus (nicht nur) jener Zeit, um existentielle und psychosoziale Bedrohungen zu überwinden. Gewalt kann Angst in Größe transformieren, das ist, wie schon gesagt, des Pudels Kern, der Ursprung des Bösen – eines Bösen freilich, das nichts Gutes schafft. Wann aber und warum ist das der Fall?

Ein etwas boshafter Spruch sagt, nur der glückliche Mensch ist ein guter Mensch. Aber es stimmt nicht, auch ein trauriger, ein bedürftiger, auch ein ängstlicher Mensch kann gut sein. Böse wird er erst, wenn Angst, Frustration und Bedrohung in Aggression, Hass und Vernichtung umschlagen. Wann und warum ist das der Fall? Auch existentielle Angst kann ja zu ganz anderem Fühlen und Handeln führen, zu Rückzug, zu Flucht, zur Suche nach Hilfe und Kooperation, zu Jammern und Wehklagen oder auch zum Humor. Der destruktive Weg wird gewählt werden, wenn er so schon gebahnt und gewohnt ist und wenn der humane Weg verbaut ist. Bei Hitler z.B. scheint es so gewesen zu sein. Schwäche, Angst, Hilflosigkeit und dergleichen waren Gefühle, die in seiner Herkunftsfamilie keine Annahme und keine Beantwortung gefunden haben. Vermeintliche Schwäche war unehrenhaft und verächtlich.

Es gibt hier einen Scheideweg des Umgangs mit Angst und Gefühlen von Bedrohtheit, nicht nur in Hitlers Biografie, auch in unserer Kulturgeschichte. Wie kam es zu all diesen Mittätern und Mitläufern? Die äußere Not und die Bedrohung durch desolate Politik und Wirtschaftskrise ist das eine. Das andere aber ist die Bereitschaft, diese Nöte und Ängste in Destruktion und Aggression umzuwandeln und sich an der Demütigung anderer zu laben. Die damalige Volksgemeinschaft war solcherart, eine auf rassischer Überheblichkeit errichtete Selbsterhöhung. Sie lebte von der Abwertung anderer und als faschistischer Wohlfahrtsstaat ganz konkret von der Beschlagnahmung und Plünderung fremden Eigentums.

Warum führte diese Not damals nicht zu einem allgemeinen Wehklagen und Trauern, zu echter Solidarität und Zusammenhalt? Warum wandelte sie sich um, kompensierte sie sich in Aufgeblasenheit, kontraphobischem Geschrei, Beraubung und realer Vernichtung? Wodurch war der Weg des Klagens und der helfenden Gemeinschaftlichkeit verbaut? Das ist die Frage.

Die schnelle Antwort ist leicht: Wir jammern nicht, wir leisten. Wir sind eine Kultur des Stolzes, in der noch jeder kleine Mensch ein Subjekt ist, ein kleiner Fürst aus eigenen Gnaden. Die Aufklärung hat das Feudalwesen demnach nicht abgeschafft, sondern verallgemeinert, alle wurden kleine Souveräne. Souveräne, die Bedürftigkeit nur als Abhängigkeit verstehen und Bedürfnisse nach Trost als bloße Schwäche. Wie konnte es soweit kommen? Zu konstatieren ist in diesem Blickwinkel der Verlust der sozialen Welt als eines tragenden Ortes des Zusammenhalts, des Trostes und der Geborgenheit; und entsprechend wohl auch der Verlust der Natur als bergender Heimat. In diesem Weltbild des Misstrauens nahm das Feindliche schließlich derart überhand, dass sich Angst direkt in Verstiegenheit und Destruktionslust umsetzt und, wie man heute gerne sagt, kein „Bindungsverhalten“ mehr auslöst. Dieser gebrochene Mensch erwartet keinen Schutz mehr und erhofft kaum noch Hilfe, mehr oder weniger befindet er sich in einem Dauerkrieg. Was Vinnai über Hitler sagt, trifft leider nicht nur auf Hitler zu: „Adolf Hitler ist lebenslang seelisch an dieses Gesetz des Krieges fixiert geblieben, ihm ist die psychische Abrüstung nie gelungen.“ (Vinnai, Kriegstraumata S. 8) Hitler hat eine Abrüstung wohl nie versucht und war dazu seit früher Jugend alleine wohl kaum noch in der Lage. Und wir, als Kultur oder Zeitgeist betrachtet, haben wir dazu die Kraft und die nötige Liebe zum Leben?

1922: ZUFALL ODER LIEBE (I) – NIHILISMUS ALS WELTABWENDUNG

Der Mensch wie schön er sei, wie schmuck und blank
Ist innen doch Gekrös' nur und Gestank.

Lachen könnte man über den frechen Vers: So ist es – und es reimt sich. Aber manchen ist hier nicht zum Lachen.

> „Das ist ein garstiges Verschen," entgegnet Krull, „weil es den Glauben zerstören will an Schönheit, Form, Bild und Traum, an jedwede Erscheinung, die natürlich, wie es im Worte liegt, Schein und Traum ist ..." (Thomas Mann, Felix Krull, 1922)

„Natürlich" sei also die Erscheinung ein Schein. Punkt. Tod und Leben sind in diesem Denken kein Kommen und Gehen, alles zu seiner Zeit, sondern ein Ineinander: das Tote entwertet das Leben zu jeder Zeit, es ist der vermeintlich wahre Kern des Lebens. Da ist sie wieder, die Pose des Wissens, die Pose des Dahinter. Aber andererseits wollen sie, müssen, dürfen sie dann doch an den Schein glauben, um die Freude am Leben nicht ganz zu verlieren. Alles sei zwar als vergänglich oder als seelenloser Stoff eigentlich entwertet, aber genießen wollen sie es dennoch oder es wenigstens versuchen. So wird ihr Leben zur Aufgabe, die es mit Standhaftigkeit und Treue durchzuhalten gilt. Hat das angebliche Wissen erst einmal sein Werk getan und die Erscheinung als Schein vermeintlich entlarvt, wird alles zur Mühe, zur Ironie, die man aufzubringen hat. Die Unbefangenheit ist perdu, man lebt in aristokratischer oder ironischer Distanz. Eine Distanz, die auch Halt verspricht, denn Kontakt birgt Gefahr; und in einem gewissen Abstand, außen und oben, steht man zwar isoliert, aber auch geschützter über den Dingen.

Planetarisch aufgespreizt hatte es schon vor Thomas Mann sein von ihm hoch geschätzter Arthur Schopenhauer formuliert:

> „Im unendlichen Raum zahllose leuchtende Kugeln, um jede, von welchen etwan ein Dutzend kleinerer, beleuchteter sich wälzt, die inwendig heiß, mit erstarrter, kalter Rinde überzogen sind, auf der ein Schimmelüberzug lebende und erkennende Wesen erzeugt hat: – dies ist die empirische Wahrheit, das Reale, die Welt.“ (Schopenhauer S. 1)

Ein Schimmelüberzug, das sei die Wahrheit, das Reale, die Welt. Oje, was hat man jemandem angetan, dem das zu seiner Welt wurde?

Fatal erinnert diese Weltabwendung an den Dahinterblick des Priesters. Sieht er das Ewige im Angesicht des Gegenüber, so der moderne Naturwissenschaftler das schon Vergangene oder das tote Stoffliche. Aber keiner der beiden sieht das Lebende, das zwischen Immer und Nie, das Vergängliche. Zu dieser Distanzierung passt die Tendenz zum isolierten Bewusstsein und die Verehrung Descartes durch Schopenhauer: das Cogito ergo sum sei allein gewiss und

> „der wesentliche und allein richtige Ausgangspunkt und zugleich der wahre Stützpunkt aller Philosophie. Dieser nämlich ist wesentlich und unumgänglich das Subjektive, das eigene Bewußtseyn. Denn dieses allein ist und bleibt das Unmittelbare ...“ (ebd.)

Unmittelbar gegeben sei nur das eigene Bewusstsein, einerseits also der Rückzug ins Innerste, andererseits die Flucht ins Planetarische und von dort der Blick auf die ferne Erde mit ihrem Bio-Überzug. Maximale Entfernung, größtmögliche Ferne, maximale Abständigkeit. Und in der Mitte wohl Leere oder Misstrauen, Angst, Scheu und dergleichen – jedenfalls Empfindungen, die unverstellten Kontakt und Unbefangenheit hemmen.

Schopenhauers Werke sind bald 200 Jahre alt, aber seine weltabwertende Auffassung fand Anhänger und wirkt bis heute. Ich denke an Sigmund Freuds Grundauffassung der Wirklichkeit: „Dunkle, fühllose und lieblose Mächte bestimmen das menschliche Schicksal." (Freud, 1933, S. 467) Für Freud ein Anlass, eine Begründung seiner Resignation, der Wahrhaftigkeit zuliebe auf Unbefangenheit zu verzichten. „Hier ist wiederum ein Anlass," schreibt er im Anschluss, „ein Stück der Beseelung, das sich aus dem Animismus in die Religion gerettet hatte, fallenzulassen." Kälter müssen wir die Welt betrachten, fühlloser und liebloser, denn, so der Zirkel, dazu gibt sie uns Anlass.

Oder ich denke an Richard Rorty. Im Anschluss an Freud behauptet er die bloße Zufälligkeit unseres Daseins und versucht dann, diesen blinden Zufall, im Anschluss an Nietzsche, heroisch zu bejahen. Die Bejahung des blinden, toten Ohne-Sinn gibt der Weltflucht einen neuen Dreh. Sehen wir uns ihn genauer an. Nietzsche hat es sich ja selbst hoch angerechnet, dass er den Pessimismus Schopenhauers ins Positive, Bejahende umgekehrt hätte. Die Pose Schopenhauers „Ich sehe den Schimmelüberzug" wird noch einmal getoppt durch die Bejahung all dessen, was war und was mich hervorgebracht hat. Der Mensch ist der „Erlöser des Zufalls", der auch den blinden Zufall der Vergangenheit noch gutheißt; alles war ohne Sinn und ohne Liebe und eigentlich „wälzt er Steine aus Ingrimm und Unmut und übt Rache" (Also sprach Zarathustra, Von der Erlösung). Aber der Rachedurst wird jetzt überwunden, nicht durch Streit und Versöhnung, sondern durch eine seltsame Umkehr der Rache: „Alles »Es war« ist ein Bruchstück, ein Rätsel, ein grauser Zufall – bis der schaffende Wille dazu sagt: »aber so wollte ich es!«" – Wow, was für eine Ansage! Welch ein Ton! In voller Rüstung, hoch aufgerichtet, mit gezücktem Schwert, spricht er mit lauter Stimme: „Ich will Versöhnung, ich will Harmonie, egal, was es kostet!" Martialischer Ton und harmonisierender Inhalt klaffen weit auseinander. Und was hat es damit auf sich, was ist dran an der Idee, wenn die Aufwühlung erst versiegt ist? Wenn er darüber geschlafen hat, trägt das dann noch, kommt der Rachewunsch wieder, konnte er ganz abgetrennt werden?

Und Rorty? Hier ist diese Stimme weniger pathetisch-düster, aber er sympathisiert mit dem „starken Dichter“ und er meint, jeder von uns hätte das „unbewusste Bedürfnis“, „sich mit der blinden Prägung zu versöhnen, die der Zufall ihm gegeben hat“ und sich durch Neubeschreibung dieser Prägung ein Selbst zu schaffen. (Rorty S. 83) Die blinde Prägung, sie zeige sich in allem, was wir tun, denn, zitiert Rorty Freud (S. 64f.): „Wir vergessen dabei gern, dass eigentlich alles an unserem Leben Zufall ist, von unserer Entstehung an durch das Zusammentreffen von Spermatozoon und Ei ...“ Bei Freud heißt es weiter: „... Zufall, der darum doch an der Gesetzmäßigkeit und Notwendigkeit der Natur seinen Anteil hat, bloß der Beziehung zu unseren Wünschen und Illusionen entbehrt.“ (Freud, 1910, S. 70)

Das ist der Punkt, der Zufall, der keine Beziehung zu unseren Wünschen besitzt. Es geht nicht nach dem, was wir wollen, sondern, wie wir oben schon gelernt haben, die Welt ist fühllos und lieblos – und hier ist wohl wiederum ein Anlass gegeben, ein Stück der Beseelung fallenzulassen. Enttäuschung, Rache, Kälte, allenthalben heroische oder ironische Bejahung der Kälte, sprich Fühllosigkeit und Lieblosigkeit, das ist der Stoff, der sich hier seit langer Zeit durch die Köpfe und Herzen windet.

Nun aber zur Sache selbst. Sollten wir wirklich „alles, unsere Sprache, unser Bewusstsein, unsere Gemeinschaft, als Produkte von Zeit und Zufall behandeln“ (Rorty S. 50)? Ist „eigentlich alles an unserem Leben Zufall“ (Freud ebd.)? Ja, wenn nicht Zufall, was bestimmt dann unser Werden? Es müsste ein Wille sein, eine Absicht, Fürsorge vielleicht oder ein Wohlwollen. Aber von wem? Ich trage diese Frage an die Texte heran und ein eigenartiger Nebel breitet sich aus, nichts davon wird gefragt oder gesagt. Nein, nicht ganz; bei Freud findet sich noch die Idee eines sorgenden Gottes, einer himmlischen Vernunft, auf die man aber nicht mehr zu hoffen wagt: „Wir sind natürlich gekränkt darüber, dass ein gerechter Gott und eine gütige Vorsehung uns nicht besser vor solchen Einwirkungen in unserer wehrlosesten Lebenszeit behüten." Gekränkt? Wieso gekränkt? Wären Kinder nicht vielmehr verlassen, hilflos, voller Angst und am Ende todängstlich? Und wenn sie nicht verlassen sind, von wem werden sie dann geborgen, versorgt und aufgezogen? Wer bestimmt ihren Werdegang, wer ihre Herkunft? Ist das immer noch der Zufall und nur der Zufall, oder ist es nicht viel mehr die Liebe der Eltern, ihre Zuneigung und ihre Fürsorge? Menschen sind kein „Produkt von Zeit und Zufall", sondern stammen von ihren Eltern ab, von denen sie mehr oder weniger gewollt empfangen wurden.

Warum werden die Eltern und die Liebe der Eltern hier ausgeblendet, vergessen? Stört die Liebe am Ende das Konzept der „dunklen, fühllosen und lieblosen Mächte"? Stammen unsere Finstermänner eher aus solchen Düsternissen, in denen die Zufälle noch die besseren Eltern wären? Man spürt einen Unterton des berechtigten Trotzes, der da sagt: „Lieber sehe ich mich noch als Produkt des blinden Zufalls und entwerfe mich selbst, denn als Abkömmling dieser Herkunftsfamilie!"

So oder so ähnlich wird es gewesen sein, Theorien sind im Grundton Biografien. Aber auch in den düstersten Verhältnissen spielt der Nicht-Zufall entscheidend mit: Kinder entstehen und wachsen heran, wenn zwei Menschen sich begegnen, erkennen, begehren, verlieben; da spielt viel Zufälliges mit – und notwendig auch das Lieben und das Wünschen. Ohne ausreichende Zuwendung, Fürsorge, liebendes Wohlwollen ist noch nie ein halbwegs gesundes Kind herangewachsen.

Zufall oder Mensch (II) – Nihilismus oder Abgrenzung

Der Mensch wie schön er sei, wie schmuck und blank
Ist innen doch Gekrös' nur und Gestank.

Man kann darüber auch lachen. Lachen kann man dann, wenn die Empfindung der Schönheit stabil bleibt und sich nicht von der Wirklichkeit des Gekröses verunsichern lässt. Lachen kann man darüber, wenn sicher ist, dass die Begegnung mit einem Gegenüber eine eigene vollständige Wirklichkeit bildet. Man erlebt dann den lebendigen Kontakt als solchen und kann vollständig in ihm bleiben. Man wird nicht weggezogen von Gedanken an die anatomische, medizinische, physikalische Wirklichkeit des Gegenüber. Man kann lachen, wenn es selbstverständlich ist, dass man dem Anderen als Person in seinem Aussehen begegnet. Man ist es gewohnt und es ist ohne Frage so, dass man als Mensch mit Menschen oder als Lebewesen mit Lebewesen umgeht. In diesem Fall kann das Gekröse in dem kleinen Zweizeiler einen normalerweise ausgeschlossenen Hintergrund ansprechen. Plötzlich darf hier etwas im Bewusstsein auftauchen, das normalerweise ausgeschlossen bleibt. Durch den Reim erhält es noch einen netten, gefälligen Anschein. Dann kann es witzig sein: Etwas normalerweise ausgeschlossenes darf in akzeptabler Form zu Bewusstsein kommen. (Dieses Humorverständnis schließt an J. Ritter, H. Bergson, H. Plessner und S. Freud an). Wichtig ist dabei, dass die Wirklichkeit A „Menschen begegnen Menschen oder Lebewesen" durch die andere Wirklichkeit B „Menschen bestehen aus Fleisch, Knochen und Körpersäften" nicht erschüttert wird. Man bekommt keinen Schock, keine Angst, keinen abgründigen Schreck. Sondern, wer hier den Humor behalten kann, lebt auch nach dieser kurzen Einsicht in die Wirklichkeit des „Gekröses" nach wie vor stabil in Wirklichkeit A, der Lebenswelt. Sein Kontakt zu anderen Lebewesen wird durch dieses Wissen um Wirklichkeit B nicht erschüttert, nicht angefressen, nicht aufgefressen. Wenn der Zweizeiler als Witz genommen wird, dann deshalb, weil er einen Hintergrund andeutet, der aber Hintergrund bleibt, wenn wir Menschen begegnen. Auch wenn sich zwei über Krankheiten unterhalten bleibt A im Vordergrund. Thema ist dann nie die Krankheit als solche, sondern das Erleben der Krankheit, der Schmerz, die Sorge, die Zuversicht. Es geht immer um die Bedeutung der Krankheit für die Lebenswirklichkeit A.

Ist der Mensch also Gekröse? Ja, Gekröse, aber solange er gesund ist, ist das ein Hintergrund, der uns nicht interessieren muss. Glücklich, wer kein Knie hat. Das, was gesund funktioniert nimmt man kaum wahr, es bleibt im Hintergrund, und das ist gut so. Hat man Bauchweh oder andere Leiden, kommen diese körperlichen Hintergründe in den Vordergrund, dann ist man krank. Wird man wieder gesund, so wandert „das Gekröse" wieder ins Vergessen, wir haben kein Gedärm mehr und wissen, wenn es gut geht, irgendwann nicht mehr, welches Knie das verletzte war. Die Wunde und der Schmerz sind verheilt und vergessen, die Abgrenzung zum „Gekröse" ist wieder intakt. Ich denke, das ist ein gutes Paradigma für „Gesundheit": die körperlichen Vorgänge verbleiben im wesentlichen im Hintergrund, das Vergessen ist wiederhergestellt.

Und ist der Mensch Gestank? Ja der Gestank des Menschen, er ist Teil des Lebens und man versucht mit enormen Anstrengungen, ihn in Schach zu halten. Puder, Seifen, Bäder, Parfüms, Toiletten, Deodorants, Kleider, Mundwasser, Cremes, Lotionen und Zerstäuber – ein ganzes Universum des Geruchsmanagements beschäftigt sich mit den Ausdünstungen und Pfortengerüchen. Der Gestank, er ist sehr nah an der Wirklichkeit A und kann Begegnung von Mensch zu Mensch leicht stören und als Wohlgeruch leicht anregen und fördern.

Das Gekröse ist viel weiter im Hintergrund des Nicht-

Wahrgenommenen. Im Geruch zeigt sich der Mensch präsent in seiner Körperlichkeit. Säuglinge haben von sich aus einen ganz süßen, angenehmen Wohlgeruch, vor allem der Kopfhaut. Die menschlichen Gerüche beginnen erst mit dem Essen. Allerdings, und das ist ein wichtiges Detail, sind die Pfortengerüche nicht unbedingt abstoßend. Für Tiere sind sie eine Art Erkennungsmarke, aber auch für Menschen in richtiger Dosierung ein Reiz der Animalität. Ein Parfümhersteller hat mir erzählt, oder verraten, dass edlen Parfüms derartige Gerüche in geringen Mengen beigemischt werden. Gering genug, um nie bewusst gerochen zu werden, stark genug, um dennoch zu wirken.

Und ist der Mensch Gekröse und Gestank, wie es der Vers sagt? Ist der Mensch stinkendes Gekröse? Das ist ein schreckliches Bild eines aufgeplatzten, verwesenden Leichnams. Nein, das ist der Mensch nicht, das war vielleicht einmal sein Leib, aber er ist nicht mehr. Wir bedecken den Leichnam, wir beerdigen ihn oder verbrennen ihn. Die ihn kannten nehmen Abschied und betrauern ihn. Der Leichnam ist aus dem Leben gegangen, der Körper wird der Erde oder der Luft übergeben; von ihm als Menschen trennen wir uns so gut es geht.

Schönheit, Gestank, Gekröse, Leiche markieren vier Wirklichkeitsebenen, die zur Lebenswirklichkeit A, Personen gehen mit Personen um, verschieden ferne Hintergründe bilden. Diese vier Ebenen: Lebenswirklichkeit, Animalität, Vegetativum, Materie oder Mensch, Tier, Pflanze, Stoff sind eine uralte Einteilung. Sie sind ein Versuch, verschiedene Wirklichkeitsebenen zu unterscheiden.

Die Einteilung ist im Detail nicht wichtig. Wichtig ist die Abgrenzung der menschlichen Lebenswirklichkeit von den anderen Ebenen: Das spezifisch Menschliche kultiviert das Animalische (Körper, Geruch, Sexualität); menschliche Gesundheit bedeutet das weitgehende Nicht-Wahrnehmen der körperlichen Vorgänge (Verdauung, Genetik, Neurophysiologie); menschliches Leben, Leben überhaupt bedeutet kein

Leichnam, kein bloßer Stoff zu sein.

Kultivieren, Nicht-Wahrnehmen, Nicht-Sein sind drei verschieden starke Abgrenzungen gegenüber den Bereichen, die zu einem gesunden Leben nicht gehören. Menschliches Leben heißt, könnte man sagen, diese drei Abgrenzungen ausreichend zu vollziehen, das setzt ein dreifaches Nein voraus: 1. Ich bin kein Ding, kein bloßer Stoff oder materielles Etwas – 2. Meine vegetativen und inneren Vorgänge nehme ich nicht wahr solange ich gesund bin – 3. Ich lebe nicht in einer rein tierischen Welt der Gerüche, der Körper und der durch Brunftzeiten geregelten Sexualität. Von hier aus kann man, denke ich, leichter formulieren, was Nihilismus, was Dekadenz bedeutet: Verunsicherung im Lebensgefühl, nicht ausreichende, fraglose Abgrenzung der Lebenswirklichkeit.

Nun kann man sagen, wozu die ganzen Unterscheidungen? Glaubt denn wirklich jemand, er sei ein Computer oder ein Chemielabor oder ein neurophysiologischer Vorgang? Beeinträchtigen diese modischen wissenschaftlichen Theorien denn wirklich unsere Alltagsrealität? Geht der „einfache Mann" nicht nach wie vor fraglos mit seinem Nachbarn oder Kollegen als Person um? Sind diese Verunsicherungen – auf welcher der Ebenen das Leben nun denn stattfinde – nicht rein akademischer Natur, soll heißen eher Folge einer Kontaktstörung und nicht deren Grund? Vielleicht denken die Menschen ja sogar, dass letztlich alles Physik und Stoff ist, aber beeinflusst das wirklich ihr Leben? Liest man Thomas Mann und andere nicht eher als exotische Kuriositäten, wie Krimis oder Klatsch aus dem Leben der Prinzessinnen und Prominenten? Das wäre dann weder die Welt des Lesers, noch handelte der Stoff von seinen Problemen, aber interessant wäre es dennoch, im Sinne von „so skurril, so abgefahren, so verrückt leben und denken andere". – Ja, das kann sein, das kann gut sein. Hoffen wir es.

1927: Zufall oder Zuversicht (III) – Strom des Wohlseins

Wenn ich gesund bin, habe ich wenig Schmerzen und nehme das Innere meines Körpers kaum wahr, mein Körper bleibt im Hintergrund. Das Umgekehrte gilt aber leider nicht! Wenn ich keine Schmerzen habe, heißt das nicht, dass ich gesund bin. Ich könnte eine Krankheit haben, die noch nicht ausgebrochen ist, meine Tage könnten gezählt sein. Wie kann man in dieser Situation überhaupt einigermaßen in Ruhe leben? Wieso bricht die Angst nicht aus und lähmt uns? Wer seelisch gesund ist, kann diese Ängste in Schach halten. Wenn aber alles von einem blinden Willen, von dunklen Mächten, vom blinden Zufall, von rasenden Atomen bestimmt wäre, wie sollte dann diese Zuversicht entstehen? Warum sind wir nicht alle paranoid, bis in die Knochen schlotternd vor Angst? Was ist das für eine Kraft, die die Angst zähmt, Abgrenzungen herstellt und wieder Ruhe einkehren lässt? Was lässt uns morgens normalerweise ausgeruhter und seelisch etwas blank geputzter aufwachen als wir abends zu Bett gehen? Ich meine, man muss so antworten: Es muss eine ordnende, beruhigende, Vertrauen und Zuversicht schaffende, positive Kraft in uns und allem Lebenden wirksam sein. Es gibt eine breite Unterströmung des wohlwollenden Behagens, die die Welt des Lebendigen durchzieht.

Innerhalb der Finsternis herrscht freilich das Unbehagen, allenfalls unterbrochen von kurzer Lust, tröstenden Illusionen oder Triumphgefühlen nach überstandener Strapaze oder Bedrängnis. Ein Strom des Behagens ist in diesem Weltmodell nicht vorgesehen, er bezeichnet vielmehr die Grenze dieses Universums, hier würde das Licht beginnen. Aber noch für den dunkelsten Vertreter der dunklen Weltsicht muss er existieren, solange er lebt, und ist bisweilen auch von ihm zu spüren oder zu erahnen.

Es gibt bestimmt viele Belegstellen für diese Theoriegrenze, an der das ausgeschlossene Behagen sich dann doch zu Wort meldet und die Theorie eigentlich ins Wanken bringt. Zur Hand ist mir ein Text von Freud, den er im Alter von 70 Jahren verfasste. Schon einmal, mit fast 50 Jahren, hatte er sich mit dem Humor beschäftigt (Der Witz und seine Beziehung zum Unbewussten, 1905) und jetzt im Alter noch einmal in einer kleineren Schrift (Der Humor, 1927). An diesem späten Text lässt sich die Grenze der Dunkelheit und das, was in der Lage wäre, sie zu überwinden, gut demonstrieren.

Die kleine Schrift von 1927 analysiert zunächst die Psychodynamik des Humors entlang eines Beispielwitzes. Auch schon nach der früheren Darstellung besteht das Wesen des Humors darin, dass sich der Hörer unangenehme Gefühle erspart, zu denen die im Witz geschilderte Situation eigentlich Anlass gibt. Man hört den Witz, geht in der geschilderten Situation mit, ist quasi kurz davor den Ärger, den Schmerz oder die Angst zu spüren – aber da kommt plötzlich die Pointe, das schon vorbereitete Gefühl darf ausbleiben – und wir lachen. Der Beispielwitz geht so: Ein Verbrecher wird zum Tode verurteilt, an einem Montag zum Galgen geführt und sagt: »Na, die Woche fängt gut an«.

Der vorbereitete Schmerz ist vielleicht Todesangst, Mitleid, Schauder oder Verzweiflung. Das alles bleibt aus im Moment des Lachens. Wir ersparen uns für den Moment den Schmerz und deshalb lachen wir. Humor wehrt das Leiden ab und „behauptet siegreich das Lustprinzip“, sprich, er behält den Spaß an der Freud und das alles, ohne den Boden der seelischen Gesundheit zu verlassen. Humor ist weder Neurose, noch Wahnsinn, noch Rausch oder dergleichen. Humor bedeutet: Wir lachen, wenn wir uns unangenehme Gefühle ersparen dürfen.

Das eigentliche Thema der kleinen Schrift setzt hier an und fragt, was ermöglicht denn diese „humoristische Einstellung“? Viele Menschen sind humorvoll und können lachen, andere aber nicht. – Nein, das schreibe ich so unüberlegt als Erläuterung hin, für Freud ist die „humoristische Einstellung ... eine köstliche und seltene(!) Begabung“, köstlich und besonders wertvoll, „besonders befreiend und erhebend“. (Freud, Humor, 1927) Ach ja, das war schon eine düstere Zeit!

Nun denn, worin besteht die humoristische Einstellung, worauf beruht die Fähigkeit, humorvoll zu sein? Freuds Antwort lautet: dem Humor liegt eine tröstende Absicht zugrunde. „Er will sagen: Sieh’ her, das ist nun die Welt, die so gefährlich aussieht. Ein Kinderspiel, gerade gut, einen Scherz darüber zu machen!“ Die Einstellung des Humors sei wie die eines Vaters seinem ängstlichen Kind gegenüber oder, wie wir heute sagen könnten, ein Trost des wohlwollenden Erwachsenenanteils gegenüber dem inneren Kind. Ich kann dem gut zustimmen, im Humor hat vieles eine Grundstimmung und Absicht wie ein väterliches „ist doch nicht so schlimm“, ein Lachen, das Schmerz und Angst lösen kann.

Eine tröstende Elterninstanz, eine innere wohlwollende Grundströmung, das ist nun freilich für das Theoriegebäude der Psychoanalyse eine arge Zumutung. Nach der reinen Lehre ist die verinnerlichte Elterninstanz, das „Über-Ich“, ein „gestrenger Herr“, der z.B. in der Depression zu grausamer Unterdrückung fähig ist und im normalen Seelenleben die Seite der Pflicht und der Moral vertritt. Kultur müsse wegen der „destruktiven, also antisozialen und antikulturellen Tendenzen“ der Menschen auf „Zwang und Triebverzicht aufbauen“ (Freud, Illusion, 1927). Dieses Über-Ich hat keineswegs den Charakter, dem Ich eine kleine Freude zu verschaffen. Das originale Über-Ich ist mosaisch, Gehorsam fordernd und eigentlich ein getreuer Wiedergänger der Dunkelwelt. In seiner Lustfeindlichkeit, so die Theorie, ist es verantwortlich für ein graues Leben und letztlich auch für das berüchtigte „Unbehagen in der Kultur“ (Freud, 1930).

Wie kann es das nun geben, ein wohlwollendes, Freude und Trost spendendes „Über-Ich“? Wie kann es dazu kommen, dass die verinnerlichten biografischen Erfahrungen, der Niederschlag von Tradition und Kultur in uns, nicht hemmend und strafend, sondern regulierend und fördernd wirken? Für uns wäre die Antwort einfach: Der biografische Niederschlag ist eben nicht naturnotwendig dieses Urbild der strengen Pflichterfüllung und lebensfeindlichen Versagung, sondern kann auch oder vornehmlich liebevoll, stützend, fürsorglich sein. Es gibt Eltern und Lebensumwelten, die in der Lage sind, ein Leben angenehm zu gestalten, und die im Konflikt zwischen Wünschen und Anforderungen bessere Lösungen finden als blinden Gehorsam. Wer das Glück hatte, eher solche Erfahrungen gemacht zu haben, dem wäre eine innere „Elterninstanz", die tröstlich ist, kein Grund zur Verwunderung. Für Freud freilich markiert ein derartiges „Über-Ich" eine Grenze seines Weltbilds und er notiert: „Wenn es wirklich das Über-Ich ist, das im Humor so liebevoll tröstlich zum eingeschüchterten Ich spricht, so wollen wir daran gemahnt sein, dass wir über das Wesen des Über-Ichs noch allerlei zu lernen haben." (Freud, Humor, 1927)

Was wäre zu lernen? Eltern und Familienumwelten bilden und überlassen ihren Kindern innere Stimmungen und Bilder von Grundvertrauen und Weltordnung. Diese Ordnungen bilden, wenn es gut geht, die leitende und liebevoll tröstliche innere Fassung, die Humor in vielen Situationen ermöglicht. Lebensfreude und Heiterkeit behalten die Überhand und bilden eine Sperrschicht gegen überschießende Angst und Verzweiflung – und sei es für einen Moment. Die Fähigkeit zur Heiterkeit speist sich aus ebendiesen Quellen. Es fühlt sich an wie ein Unterstrom des Wohlseins. Aus ihm heraus kann man leicht in Resonanz gehen und auch humorvoll sein.

Dieser Samen einer liebevollen „Elterninstanz", eines wohlwollenden Grundvertrauens, ist in der Psychoanalyse Freuds nicht aufgegangen; und auch die damalige Zeit hat bald alles getan, um derartige Samen mit aller Macht zu zertreten – mit Rache und Verachtung, Angst und Vernichtung.

1927: SEIN ZUM TODE – RÜCKKEHR IN DEN FRIEDENSMODUS

Ist der Tod ein Teil des Lebens? Nach Martin Heidegger gehört das Nichts sogar „wesenhaft“ zum Sein, hierin gründe sich „die Wahrheit des Seins“. (Vom Ereignis, S. 282) Unser Leben ist nicht nur endlich; es ist „schon immer sein Ende“ (Sein und Zeit, 1927, S. 245), meint Heidegger. In dieser Sicht ist unser Leben ein lebenslängliches Ende; und ein Vorgang, der bedroht und ängstigt. Durch die Angst kann dann unser Blick frei werden für das Wesentliche und wir können uns für es entschließen. Die Angst befreit (S. 344) den Entschlossenen für eigentliche Möglichkeiten. Die Angst vor dem Tod, die dem Leben eingepflanzt ist, kann uns zu unseren eigentlichen Bestimmungen befreien, uns Möglichkeiten ergreifen lassen und zur „gerüsteten Freude“ (S. 310) werden.

Aber stimmt das denn so und nur so? Ist das denn eine ontologische Wahrheit, eine Grundbestimmung des menschlichen Lebens?

Aus dem Mitgefühl heraus kann man antworten: Angst macht ein enges Herz und taub für die Lage der anderen. Die Wichtigkeit des eigenen Todes ist nicht vorbestimmt. Nur aus einer ego-logischen Verengung heraus kann man sagen: „Tod ist je nur eigener“ (S. 265). Die Bedeutung des eigenen Todes kann schwinden, wenn man andere, z.B. kleine Kinder zurücklassen muss; der eigene Tod kann in den Hintergrund treten, wenn man andere retten will. Man stirbt, wie man lebt, in Beziehung zu anderen. Hinter diesem einsamen Tod steht ein letztlich einsames Leben. Die Einsamkeit entspringt einem Defizit an Bindungs- und Empathiefähigkeit und einem übermäßigen Misstrauen. Beziehungslosigkeit ist auch die ständig fließende Quelle von Angst und Bedrohtheit.

Aus der Ruhe heraus kann man antworten: Angst macht einen flackernden Blick und halb blind für das Wesentliche. Nein, Leben ist kein lebenslanges Ende. Der Tod begegnet uns, hin und wieder – dann ist er wieder verschwunden und wir leben in dem, was ist. Morgen ist alles im Wesentlichen so wie heute. Und nächstes Jahr ist wieder Frühling und Sommer. Dann wieder müssen wir jemanden zu Grabe tragen. Dann wieder geht alles seinen gewohnten Gang. Dann wieder wird ein Kind geboren oder kommt es zu Streit, zu Trennung. Dann wieder kommen Freunde. Dann wieder kommen Kriege und Katastrophen und wir kommen vielleicht um. Dann wieder kommen andere und es wird wieder Frühling und Sommer. So geht das Leben dahin: mal im Kreis, mal vom Schicksal geschlagen, mal beschenkt.

Tod und Angst sind in einem einigermaßen guten Leben nicht grundlegend oder wesenhaft. Der Tod ist nicht die Bestimmung, die das Leben schlechthin definiert und zum Wesentlichen führt. Wesentlicher als das Todesbewusstsein wäre noch die Liebe zum Leben. Auf einem Boden aus Bedrohung, Angst und Tod kann die Liebe zum Leben nicht gedeihen. Der Kriegsmodus verengt und aktiviert Energien für alles Mögliche, aber nicht per se für das, was das Leben lebenswert macht. Heideggers „Sein zum Tode" ist philosophisch sublimierte Kriegsbegeisterung. Es ist sein Versuch, permanenten Angst- und Bedrohtheitsgefühlen zu entkommen. „Was für eine jämmerliche, was für eine verzweifelte Form von Freiheit, in Richtung Tod zu leben, statt gern zu leben oder für eine Sache zu leben", schreibt Günther Anders. (Anders S. 94) Ja, jämmerlich; und es war die einzige Lösung, die er gefunden hat. Gerüstet und zum Äußersten bereit kann er so etwas wie Freude und Lebendigkeit empfinden und die lähmende Angst wenigstens vorübergehend nach hinten schieben. Es ist die „aufwühlende Wirkung" (Anders S. 240) auf die es – ihm und seinen Lesern – ankommt.

Aus dem Mut heraus kann man antworten: Angst ist ein schlechter Ratgeber. Angst wie Scham rät entweder zum scheuen Rückzug oder zu wilder Entschlossenheit. „Das Sein zum Tode ist wesenhaft Angst." (Sein und Zeit, S. 266) Mut jedoch kommt aus der Mitte, und sinnvolles Handeln ist von solcherart Entschlossenheit kaum zu erwarten. Eine vom Bewusstsein der eigenen Vergänglichkeit aufgeladene Entschlossenheit ist nicht der Mut, den man braucht, um das Leben richtig zu leben. Mut kommt aus der Verbindung zu sich und zur Situation, in der man steht. Mut ist alles andere als eine bloße Aufladung aus sich selbst heraus.

Man muss hoffen, dass diese Ontologie der Enge mehr über das Dasein ihres Autors aussagt als über das menschliche Leben im allgemeinen. Man muss hoffen, dass das aus Angst und Scham getriebene Leben im Kriegsmodus eine historische Entgleisung war und der Vergangenheit angehört.

1929: Herz und Begegnung – Leben ist Angesprochen-werden

Das „Unsagbare“, das Einzelne, das Situative bei Martin Buber. Das Unsagbare betrifft das jeweilige Konkrete, es ist sprachlich nicht als solches erfassbar. Jede Situation ist etwas in sich Neues, eine neue „Schöpfung“ (Buber, 1929, S. 36f.). Antworten lassen sich bestenfalls stammeln. Unser sprachlich orientiertes Erkenntnisvermögen kann konkrete Situationen nicht als solche begreifen. Philosophisch erinnert diese Position an Duns Scotus: Das Individuelle ist nur über intuitive Erkenntnis erfassbar. Für das Individuum, die Diesheit, die *haecceitas* gilt *individuum est ineffabile*, das Individuum ist nicht begrifflich erfassbar. Das Einzelne ist stumm, ohne Logos. Buber wählt hierfür durchaus drastische Worte: „unzerlegbar, unvergleichbar, unzurückführbar, nun schauervoll einmalig blickt es mich an.“ (S. 30f.) Beispiele hierfür, für die „anvertraute Schöpfung“, sind für Buber der Blick des Hundes, das Kind, die Menschenschar, die Hilfe benötigt. Das Konkrete ist die je-weilige Situation, das Individuelle, das „Zufällige“, besser das Kontingente, das einen anspricht. Es wird nicht begriffen, sondern umgekehrt kommt es auf den Erkennenden zu und „spricht ihn an“.

Das Mitgefühl. Für Buber ist dieses Phänomen des Angesprochen-werdens genau betrachtet weder die Verliebtheit noch die Mystik, sondern eine Herzöffnung. Er schildert in der „Zwiesprache“ verschiedene Beispiele: Im eisernen Heinrich brechen die Eisenbande um unser Herz (S. 17). Im Beispiel Ökumene sehen sich die beiden ins „Herz der Augen“. Androkulus versteht in der Fabel den Löwen über das Mitgefühl (S. 73). Es ist, ähnlich wie bei Duns Scotus, die konkrete „Anschauung“ und ein empathisches Gefühl.

Buber selbst nennt die „Zwiesprache“ in einem Brief „Büchlein meines Herzens“ (S. 79). Das Mitgefühl bietet den Anschluss zum Individuellen, der den aufs Allgemeine gehenden Begriffen versagt ist. Mit dem Herzsinn besitzen wir ein eigenes Sinnesorgan, eine Art passiven Tastsinn für das Seelische der anderen Wesen; wir werden berührt und angesprochen. – In anderen Texten Bubers ist das, was das Unsagbare zur Erscheinung kommen lässt, weniger das „Herz“ und eher die „Begegnung“, das Inne-werden eines Nicht-Dings, das echte Gespräch, die Ich-Du-Beziehung und der Dialog.

Wie auch immer, ob Herz oder Begegnung, in jedem Fall ist es ein Inne-werden des Anderen, des konkreten Ereignisses durch ein Angesprochen-werden. Das Unsagbare wird nicht aktiv erkannt, erforscht, begriffen, sondern es begegnet einem in einem wesentlich passivischen Vorgang.

Der Anschluss zum Nichtsagbaren öffnet sich also über ein Angesprochen-werden jenseits der „begreifenden“ Sprache.

Die Wirklichkeit. Dieser Kontakt mit dem Konkretum, speziell der Verkehr zwischen konkreten Menschen eröffnet, ja bildet für Buber sogar die „Essenz aller Wirklichkeiten“ (S. 50). Der berühmte Satz „Alles wirkliche Leben ist Begegnung“ wird in der Zwiesprache implizit so formuliert: „Der geheimnishafte Verkehr zwischen menschlicher Welt und menschlicher Welt“ ist „die Essenz aller Wirklichkeit“. Oder auch: „Leben heißt angeredet werden“ (S. 27).

Diese Position steht quer zur Hauptströmung der philosophischen Tradition. Im Allgemeinen gilt ja das Bleibende als das Wirklichere; das Bleibende aber ist die Art, während das Individuum vergänglich ist. Die philosophische Tradition kennzeichnet eine zumindest tendenzielle Geringschätzung des Individuellen gegenüber dem Allgemeinen. Das Individuelle entspricht dem Attribut – das Substantielle, das wesentlich Wirkliche aber ist die Gattung. Das Individuelle ist schon seit der Antike explizit nicht Gegenstand der Wissenschaft. Bei Hegel heißt es über dieses „Unaussprechliche“, es ließe sich darüber nur Unwahres und Unvernünftiges sagen, es sei das „bloß Gemeinte“. (Hegel S. 88)

Für Buber nun liegt das erste Wirkliche aber nicht einfach in diesem Konkreten als solchem, sondern in der Beziehung zwischen mir und dem Konkretum. Wirklichkeit ist ein Beziehungsgeschehen, sie existiert im Angesprochen-werden durch die Situation, durch das Gegenüber: „Leben heißt angeredet werden.“ Aus dem „bloß Gemeinten“ Hegels, aus einem bloßen Etwas, auf das das Subjekt mit dem Finger zeigt, wird bei Buber ein Gegenüber, das mich anspricht.

Frank und frei formuliert: Erst der Herzsinn erzeugt und eröffnet die Wirklichkeit, um die es im Leben geht. Man könnte durchaus auch sagen: „Man sieht nur mit dem Herzen gut. Das Wesentliche ist für die Augen unsichtbar.“ (Saint-Exupéry)

Mit dem Herzen sieht man gut, aber sieht man mit dem Fernglas nicht besser? Ja, man sieht besser, aber besser angesprochen wird man nicht. Die Technik bringt uns die Dinge vors Auge oder auf den Begriff, aber entzieht sie uns als Gegenüber; das ist die schwerwiegende Befürchtung. Wir wissen viel und können viel, aber werden wenig von Lebendigem angesprochen. An anderer Stelle schreibt Buber, es ist die Liebe, die das „Lebendige bezeugt“ (Buber, Begegnung, S. 106). Die Bezeugung des Lebendigen – ja, das benennt treffend, worum es geht.

Aber wollen wir das, wollen wir angesprochen werden und wenn ja: Wann, von was und von wem? Wann ziehen wir Grenzen, Mauern und bewachen Geheimnisse mit kühlen Augen? Vor wem verhüllen oder verstellen wir uns? Begegnung, Dialog und Bindung sind keine Einbahnstraße, sondern ein Pol des Sozialen. Im psychologischen Grundkonflikt von Zugehörigkeit und Souveränität geht es nicht nur ums Hören und Angesprochen-werden, sondern auch ums Sprechen und um Abgrenzung. (Wer sagt das? Und wie, in welchem Ton sagt er es?)

Nachtrag, aus dem Erleben geschrieben: Eben hatte ich ein Erstgespräch mit einer Klientin aus Rumänien. Im Osten haben die Menschen einfach ein größeres Herz. Schon fast beschämend fühlt sich dieser Unterschied an, hier verkapselte Individuen, für die Kontakt sozusagen eine (oft problematische) *Option* ist, dort Menschen, die alles Beziehungsgeschehen fraglos in die Lebensmitte stellen. Wenn Buber von Beziehung spricht, muss man das von Lemberg* her verstehen! Leben *ist* gelebte Beziehung, zu Menschen, zu Tieren, zu allem. Das Selbst definiert sich, entsteht über die Relation. Das bubersche Zwischen wird mir bei diesen Menschen direkt erfahrbar. So gesehen, wenn ich es emphatisch ausdrücken darf, war Buber ein Philosoph des Zwischenmenschlichen inmitten einer sich ausbreitenden Atmosphäre sozialer Erkaltung und Verfolgung.

(*Martin Buber, 1878 in Wien geboren, kam mit drei Jahren zu seinen Großeltern nach Lemberg (Lwow), der damaligen Hauptstadt des österreichischen „Kronlands“ Galizien, heute in der Ukraine.)

1943: ANFREUNDEN ODER TRAUERN – FREUNDSCHAFT UND OFFENHEIT

Eigentlich eine zu traurige Geschichte, „Der Kleine Prinz“ von Antoine de Saint-Exupéry, verfasst 1943, eine Geschichte von Einsamkeit, Freundschaft und Tod, die aber einige sehr schöne Bilder und Parabeln enthält. Im Zentrum steht die Geschichte von einem Fuchs, der den kleinen, einsamen Prinzen auffordert, ihn zu „zähmen“, soll heißen, sich mit ihm vertraut zu machen, langsam Freundschaft mit ihm zu schließen, regelmäßige Bräuche zu pflegen und auch Verantwortung für ihn zu übernehmen. Erst durch dieses Sich-vertraut-machen bekommen die zahllosen und immergleichen Dinge oder Menschen eine Bedeutung für jemanden; erst diese Bezogenheit und Freundlichkeit lässt die Dinge erstrahlen. Nur das, woran unser Herz hängt, kann uns auch ansprechen und berühren. Alles ist ohne wirklichen Wert, wenn es uns nicht verzaubert. Und verzaubern kann uns nur das, meint der Fuchs, dem wir vertraut sind, dem wir verbunden sind. Durch die Verbundenheit zu jemanden oder etwas wird die bedeutungsarme Welt zu einer strahlenden und lebenswerten.

„Aber wenn Du mich zähmst“ sagt der Fuchs, „wird mein Leben wie durchsonnt sein.“ (Kap. 21) Dem Zauber der Freundschaft entspricht die Magie der geglückten Kindheit: „Genauso machten, als ich ein Junge war, die Lichter des Christbaums, die Musik der Weihnachtsmette, die Sanftmut des Lächelns den eigentlichen Glanz der Geschenke aus, die ich erhielt.“ (Kap. 23) Bei manchem Leser werden hier die Alarmglocken läuten: „Das ist kitschig, Weihnachten war immer die Hölle, ein Fest der Verlogenheit.“ „Da war keine Sanftmut, sondern streitende und weinende Eltern.“ „Es war das Fest der Starre und der Künstlichkeit.“ „Als Scheidungskind musste ich immer dreimal Weihnachten feiern und für zwölf Leute Geschenke basteln, das war eher Arbeit.“

Ich lasse das hier so stehen und hoffe nur: Glanz und Sanftmut mag jeder an anderen Orten erfahren haben; in einem Märchen, in einem Spielzeug, bei den Nachbarn.

Der Kleine Prinz ist ein Plädoyer für die unbefangene und magische Welt der Kindheit, in der von den Dingen und Situationen ein Strahlen ausging, das manche dann später vermissen. Kinder wissen noch, was wichtig ist im Leben, es ist die Freundschaft, die Fürsorge, die Verantwortung. Kinder sehen das unsichtbare Wichtige; in der berühmten Zeichnung Exupérys sehen sie keinen Hut, sondern eine Schlange, die einen Elefanten gefressen hat. Kinder unterscheiden zwischen irgendeinem Ding und demselben Ding, wenn es ihr eigenes geworden ist und sie es in ihr Herz geschlossen haben. Und der Kleine Prinz ist auch ein Plädoyer für das Individuelle, das durch Freundschaft erst wirklich wird. Erst wenn irgendeine Rose meine Rose geworden ist, sehe und schätze ich sie in ihrer Besonderheit und Einzigartigkeit. Der Wert des Individuums offenbart sich nur den offenen und liebevollen Augen. „Man sieht nur mit dem Herzen gut“ (Kap. 21), das Herz bekommt hier die Funktion eines Sinnesorgans, mit dem Augensinn sehen wir die Dinge in ihrer Gewöhnlichkeit, mit dem Herzsinn erkennen wir sie in ihrer Besonderheit und Individualität. Der Herzsinn wird wach und regt sich durch unsere Zuneigung und unsere Verbundenheit.

Das sind schöne Bilder, die schon viele Menschen berührt haben. Der Kleine Prinz ist mit 80 Millionen Exemplaren eines der meistverkauften Bücher der Welt. Ich verspüre deshalb eine gewisse Scheu und möchte nur vorsichtig zwei Dinge anmerken. Zum einen möchte ich etwas über die offensichtliche Traurigkeit nachdenken, die der Geschichte unterliegt, zum anderen möchte ich die Essenz des Kleinen Prinzen vor der Abwertung durch die Theologie in Schutz nehmen.

Die Trauer des kleinen Prinzen hängt meines Erachtens mit der zu hart geführten Unterscheidung von gewöhnlich und einzigartig zusammen. Es ist für ihn ein Unterschied von Alles oder Nichts. Alles außerhalb von Vertrautheit und Freundschaft ist nichts und lieblos, alles innerhalb ist zärtlich, einzig und unendlich wertvoll. Der harte Kontrast ähnelt der Wirklichkeit in Sekten: innen ist es nur schön und warm, außen nur eiskalt. Zu den gewöhnlichen Rosen, die nicht die seinen sind, sagt der Prinz: „Ihr gleicht meiner Rose gar nicht, ihr seid noch nichts .. Ihr seid schön, aber ihr seid leer.“ (Kap. 21) Erst und einzig und allein durch das Sich-vertraut-machen erhalten die Dinge eine Bedeutung. Vorher sind sie nichts; sie sind nichts aus sich heraus; sie werden erst etwas durch die Aktion des Sichbefreundens. Das klingt anstrengend und – ja, stillgelegt, empfindungsarm, es lässt die Schönheit der „gewöhnlichen Rosen“ links liegen. Die enge Fixierung auf das Vertraut-sein und die Freundschaft ist auch ein Rückzug aus der Welt. Mit der Welt außerhalb ist er nicht befreundet, Menschen hocken da isoliert auf winzigen Planeten, alles ist wüstenhaft. Die Welt ist schlecht, ja da mag er Recht haben, aber es gibt auch die Schönheit und Einzigartigkeit der „gewöhnlichen Rosen“. Könnte er sich auch mit der Welt da draußen etwas anfreunden, dann könnten ihm vielleicht auch die gewöhnlichen Blumen etwas sagen und die Trauer würde sich allmählich auflösen.

1984: Mensch oder Ewigkeit – Diesseits oder Jenseits

In der Antike gab es die Menschen und die Götter, die Sterblichen und die Unsterblichen. Die Priester der Ewigkeit und die Philosophen haben sich nun fast immer für die Unsterblichen zu Lasten der Sterblichen entschieden. Daher ist ihr Sprechen „vom Menschen" meistens eine Verlegenheit, oft eine Heuchelei. Sie sehen den Menschen nicht als vergängliches, wirkliches Individuum, sondern als irgendeinen Ausdruck, eine Erscheinung von etwas Unvergänglichem. Priester begegnen im Grunde nicht konkreten Menschen, sondern einem angeblichen Ewigen in diesen Menschen. Vom Vergänglichen, Diesseitigen wenden sie sich ab oder sie sind wie taub dafür. Wenn sie auf Dich zukommen, gehen sie in Wirklichkeit durch Dich hindurch, immer ein ewiges Dahinter im Blick. Saint-Exupéry, meint Eugen Drewermann, sei der Wahrheit der Religion sehr nahe gekommen, d.h.:

> „in einem jeden Menschen wartet das Gottesantlitz auf seine Erscheinung ... und ein jeder Mensch trägt tief in sich ... ein Wort der Ewigkeit ... In dieses Ewige und Unzerstörbare, das in den Augen der Geliebten aufscheint ... gilt es hinabzutauchen bis zum tiefsten Grund." (Drewermann S. 118)

Das ist der Schwurbel, den die Priester und Apostel der Ewigkeit seit je her verbreiten: In singendem Ton erzählen sie die Geschichte vom Defizitären des Vergänglichen und vom Mehrwert des Ewigen. Es sei nicht der Blick der Geliebten, dem wir begegnen, sondern etwas anderes, das darin aufscheine. Es sei nicht nur die „erfüllte Zeit", die zeitlose Weile, die wir in Begegnung und Liebe erleben, sondern in dieser Ewigkeit zeige sich die Liebe Gottes, die Zeit und Tod überwinde (Michael

Böhnke). Erlebte, zeitlose Stille deuten sie um zu Symbolen der Unsterblichkeit und einer Überwindung des Todes. Von dem, was ist, wenden sie sich ab, genauer, sie versuchen, es für sich zu besetzen und für sich zu verwerten. Das ist ihre geheime Machtbasis: die Kolonisation intimer Empfindungen.

Noch im liebevollen Blick bleiben sie in Reserve zum unbefangenen Erleben. Sie blicken Dich scheinbar liebevoll an, ohne Dich zu sehen. Drewermann: „Es hat in unserem Leben Augen gegeben, die uns anschauten wie Fenster zur Ewigkeit." (S. 121) Sie predigen und leben eine Welt dahinter, die noch im zärtlichsten Augenblick einem Gegenüber-sein ausweicht. Es sind dies die selbsternannten Sendboten des Ewigen, die das menschliche Gleich-zu-gleich, den vergänglichen und einzigartigen Menschen verleugnen, verkennen, verraten.

Und, sie geben vor, Bescheid zu wissen; viele glauben sogar oder geben vor, daran zu glauben, dass sie ein Heiliges Buch besitzen, das anders ist als alle anderen Bücher und dass speziell dieses Buch das Wort Gottes enthält. Die Spezialisten der Ewigkeit, sie verabschieden sich aus der Sphäre des Menschlichen – so der Mensch wohl sterblich ist und sein Wissen auf immer ungewiss.

In der Konsequenz tun sie dem kleinen Prinzen *nolens volens* Unrecht: Hier herrscht nicht das Wissen, sondern die Freundschaft und hier regiert nicht die Ewigkeit, sondern die konkrete Verbundenheit. Deshalb endet das kleine Buch auch nicht im christlichen Himmel, sondern bei lachenden Sternen, Andenken an ein Lächeln: „Du allein wirst Sterne haben, die lachen können! Und er lachte wieder." (Kap. 26) Und es endet nicht mit einem Wort des vorgeblichen Wissens oder angeblichen Glaubens, sondern, wie es sich für Menschen in himmlischen Angelegenheiten gehört, mit einer Frage: „Schaut den Himmel an. Fragt euch: Hat das Schaf die Blume gefressen oder nicht? Ja oder nein? Und ihr werdet sehen, wie sich alles verwandelt." (Kap. 27)

Das Drewermann-Buch über den Kleinen Prinzen ist 1984 erschienen und hat bis heute auch schon über 20 Auflagen erlebt. Wäre hier auch Scheu und Vorsicht angebracht vor den „religiösen Gefühlen“ der Millionen?

Maximalalarm – Die Unschuld des Alltags

Heute, im Mai 2013, habe ich vom Tod Sarah Kirschs in den Online-Nachrichten gelesen. Ich kannte nur ihren Namen, ich hatte nie etwas von ihr gelesen. Vor zwei Wochen ist sie gestorben und man soll ja die Toten nicht schmähen, heißt es, sondern nur Gutes von Ihnen berichten oder schweigen. Ich möchte dennoch zwei Einwände formulieren, aber ich meine, dass sie bei allem Widerspruch nicht gegen sie gerichtet sind. Aufgefallen ist mir, nein aufgeregt hat mich ein Gedicht von ihr. Es heißt Bäume (im Band Katzenleben, 1984) und war in besagtem Online-Nachruf enthalten:

Bäume
Früher sollen sie
Wälder gebildet haben und Vögel
Auch Libellen genannt kleine
Huhnähnliche Wesen, die zu
Singen vermochten, schauten herab.

Die Autorin zeichnet hier eine maximale Katastrophe, sie denkt sich das Schlimmste vom Schlimmen, das man sich vorstellen kann: Die gesamte Natur ist zerstört und sie ist auch aus dem Gedächtnis der Menschheit verschwunden. Die Apokalypse ist schon vor längerer Zeit eingetreten, im Gedicht befinden wir uns lange danach. Dann, gedanklich dort, in diesem Grauen angelangt, machen wir uns lustig. Von „Libellen" reden diese Kinder der Weltvernichter, statt von Buchfink und Domspatz. Das Böse der Vorfahren paart sich mit der Idiotie ihrer Nachkommen. Lustig, lustig, ein makabres Lachen im Trümmerfeld – und wir, als Autorin und geneigter Leser dürfen uns darüber als die Besseren positionieren: Protest gegen alles, mich ausgenommen. Wir durchschauen das, was da kommen wird, wir warnen, wir versuchen aufzurütteln, wir schreien es in die Welt hinaus: „Seht doch, wie schrecklich, alles wird zerstört, alles Schöne wird vergessen!" Aber niemand scheint zu hören, niemand scheint gehört zu haben. Die Autorin ist ein Rufer, ein Alarmierer im toten Land, das gar nicht mehr weiß, wovon hier überhaupt gesprochen wird. „Liebe zur Natur", „was ist das?" sagten die Nachgeborenen und blinzelten.

Wir, Schreiber und Leser, bilden eine verschworene Gemeinschaft der Wissenden und Liebenden. Wir setzen uns noch ab vom Strom der Vernichtung, vom Strom der Dummheit, so gut es geht. Wir haben es gewusst, was kommen wird und WIR haben nicht geschwiegen. Wir sind nicht mächtig, aber wir haben es versucht.

Was rege ich mich auf, was gefällt mir daran nicht? Ich könnte sagen: Wie abgeschmackt, wie selbstgerecht! Ich könnte selber rufen „Nieder mit dem Alarmismus!" Aber was ist dagegen zu sagen? Was spricht gegen das Schreien und für das Sprechen? Und warum wird hier geschrien – und wozu?

Nun, sachlich gesehen ist die Natur an vielen Stellen bedroht, und vieles ist unwiederbringlich zerstört. Aber wir leben nicht im „Day After", und es ist keineswegs ausgemacht, dass es so kommen könnte, wie das Gedicht es an die Wand malt. Die Katastrophe dieser Zeilen bewegt sich im Raum der reinen Möglichkeiten, die Autorin malt eine Horrorszene rein aus dem Gedanken und wohl aus der Angst. Dem ängstlichen Ausmalen gibt sie sich widerstandslos hin, ja mehr noch, sie schiebt an, sie denkt weiter, so weit wie nur irgend möglich. Der Schrecken soll größtmöglich sein. Im Gegenzug wird der Kontakt zur Wirklichkeit immer geringer. Alarm schafft Distanz. Das Kleine, „Unwichtige" tritt zurück zugunsten des Großen, Wichtigen, Groben. Wie es wirklich ist, interessiert zunehmend weniger, wenn der übergroße, dunkle Schatten des Möglichen die Herrschaft übernimmt und sich über alles Konkrete auszubreiten beginnt.

Das ist also mein erster Einwand, das Wirklichkeitsdefizit, das Versinken im Raum des ausgemalten Schreckens.

Nun könnte man einwenden, in schlimmen Zeiten ist notgedrungen auch der Ton weniger maßvoll und angemessen. Mit den Worten des Barockdichters von Logau aus der Zeit des 30-jährigen Krieges: *In Gefahr und grosser Noth, Bringt der Mittel-Weg den Tod.* Sind unserer Zeiten wieder so und wann ist Maximalalarm das Angemessene?

Das Gedicht „Bäume“ von Sarah Kirsch wurde 1984 veröffentlicht. Es war noch die Zeit des Kalten Krieges und der großen Angst vor einem Atomkrieg. Der Wechsel aus dem Kriegsmodus in den Friedensmodus fällt schwer. Der Alltag fällt aus, da der Alarm vorgeht. Er infiltriert das Leben bis ins Private hinein. Im Gedicht „Ende des Jahres“, aus dem Jahr 1982, heißt es:

Mein Kind hat eine Fünf geschrieben
Was soll ich sagen es kostet schon Kraft
Seinen Anblick die Unschuld ertragen
Und wir leben unser unwahrscheinliches
Abenteuerliches Leben korrigieren die Fünf
Das Kind geht zur Schule wir pflanzen Bäume
Hören den Probealarm die ABC-Waffen-Warnung
Kennen die Reden der Militärs aller Länder.

Ihr Sohn Moritz war da etwa 12 Jahre alt. Wie war das für ihn – oder das Kind im Gedicht –, wie hat er den Daueralarm wahrgenommen? Ich weiß es nicht, aber ich sehe das Ich der Gedichte oft weit entfernt und über den Dingen „Ich sitz über Deutschlands weißem Schnee“ heißt es im Hirtenlied, „Schnee fällt uns mitten ins Herz“ an anderer Stelle. Ich denke, die Konzentration auf das Bedrohende gibt paradoxerweise auch „Halt“ und fordert anderseits ihren „Preis“. Der Preis besteht darin, dass manches Kraft kostet anstatt Kraft zu spenden. Dass es einem absurd vorkommt Bäume zu pflanzen während der Waffen-Warnung. Dass es uns Kraft kostet, den Anblick und die Unschuld unserer Kinder zu ertragen. Wie konnte es soweit kommen? Ist es tatsächlich soweit gekommen?

Mein zweiter Einwand lautet also: Die Sache ist keineswegs geklärt. Niemand weiß, was kommen wird. Wenn wir die Unschuld eines Kindes sehen, wer kann dann sagen, dass diese Zuversicht unangemessen ist? Wer gäbe uns das Recht und das Wissen, darüber zu urteilen? Was sollte uns daran hindern, diese Unschuld auch so zu nehmen, wie sie ist?

1997: Nach 1945 – Märchenhafte Lebensfreude

Wie konnte es damals weitergehen? Wie konnte da wieder etwas wachsen? Wenn ich mich den dunklen Seiten dieser Zeit überlasse, verstehe ich Adornos Diktum von 1949 „nach Auschwitz ein Gedicht zu schreiben, ist barbarisch". Es ist aus, der tiefste Punkt ist erreicht. Unendliches Leid, Schuld und Erbärmlichkeit kamen in die Welt. Der totale Hass hat alles vernichtet, den Glauben an das Gute im Menschen, das Vertrauen in den Staat, in Recht und Ordnung, das Vertrauen zu einem Gott oder in eine Vernunft, die dann am Ende doch alles gut werden lässt. Es ist nicht gut geworden. Hegel hat nicht Recht behalten, er hat die Kräfte der Destruktion stark unterschätzt. Wir sind hier an einem ähnlichen Punkt wie 1636 als Gryphius schrieb:

> ...
> *Die Türme stehn in Glut, die Kirch' ist umgekehret.*
> *Das Rathaus liegt im Graus, die Starken sind zerhaun,*
> *Die Jungfern sind geschänd't, und wo wir hin nur schaun,*
> *Ist Feuer, Pest, und Tod, der Herz und Geist durchfähret.*
> ...
> *Doch schweig ich noch von dem, was ärger als der Tod,*
> *Was grimmer denn die Pest, und Glut und Hungersnot,*
> *Dass auch der Seelen Schatz so vielen abgezwungen.*

Der Tod durchfährt Herz und Geist und macht jede Zuversicht, jedes leichte Weltvertrauen zunichte. Viele Menschen haben ihre Seele verloren, sprich ihr Grundvertrauen, ihre Würde, ihre Lebensfreude. Hinzu kommen Schuld und Schande.

Wenn man sich hier versenkt und hier bleibt, wird alles grau, düster und lebensverneinend. 1966 verschärft Adorno seine Kulturkritik zu der grundsätzlichen Infragestellung eines Lebensrechts nach dem Holocaust. „Nicht falsch aber ist die minder kulturelle Frage, ob nach Auschwitz noch sich leben lasse, ob vollends es dürfe, wer zufällig entrann und rechtens hätte umgebracht werden müssen.“ (Adorno, Dialektik, S. 355) Darf man weiterleben, wenn man dem Tod zufällig entkommen ist? Darf man weiterleben, wo diese alle sterben mussten? Der Dichter Paul Celan hatte zeitlebens Schuldgefühle, seinen Eltern nicht ausreichend geholfen zu haben. In den 1960er Jahren wird er zunehmend depressiv und psychotisch und stirbt 1970 durch Suizid. Celan, Jahrgang 1920, hatte beide Eltern im KZ verloren. Er schrieb bedrückende Gedichte wie die berühmte „Todesfuge“; „Der Tod ist ein Meister aus Deutschland“, der den Juden ein Grab in der Luft verschafft. „Das Übermaß an realem Leiden duldet kein Vergessen“, so Adorno und auch seine Verarbeitung als Kunstwerk sei schon ein Benutzen fremden Leids, um potentiell einen „Genuß herauszupressen“. Die Opfer würden ein zweites Mal beschämt; erst umgebracht und dann noch einmal der Welt als Kunstgenuss „zum Fraß vorgeworfen“. (Adorno, Engagement, S. 125-127) In seiner „Ästhetischen Theorie“ von 1972 wird dann dem Leiden auch ein Recht auf Ausdruck in der Kunst zugebilligt. Kunst, die das Leid ausdrückt freilich oder die es in einem Verschweigen sagt. Wenn man dem zustimmt, sind nach Auschwitz nur noch bedrückende Gedichte angemessen, darf nur mehr Leid, Verlorenheit und Verzweiflung dargestellt werden. Dieses Leid ist unermesslich, nie können, dürfen wir davon uns entfernen; unsere Schuld ist übergroß, nie wird sie abgetragen werden. Das ist der schwarze Weg des versunkenen Verharrens, der die Zeit anhalten will, dem die Zeit verloren ging.

Manchen ist es nicht vergönnt, aus diesen traumatischen Erfahrungen wieder herauszufinden. Andere haben diese Gräuel mehr oder weniger unbeschadet überlebt; zumindest in dem Sinne, dass ihnen ein Leben auch danach sinnvoll erschien und innerlich erlaubt war. Nach Monaten im KZ Dachau und Buchenwald schreibt Fritz Löhner-Beda 1938 das Buchenwaldlied, darin heißt es:

Wer dich verließ, der kann es erst ermessen,
wie wundervoll die Freiheit ist!
O Buchenwald, wir jammern nicht und klagen,
und was auch unser Schicksal sei,
wir wollen trotzdem ja zum Leben sagen,
denn einmal kommt der Tag: dann sind wir frei!

Es ist die Hoffnung auf Zukunft, die hier trägt. Das Buch „...trotzdem Ja zum Leben sagen" von Viktor Frankl, 1946, wurde weltweit millionenfach verkauft.

Ich will nicht darüber urteilen, welcher Weg hier für wen wahrhaftiger oder angemessener wäre. Das Leben geht weiter – wenn es denn weiter geht. Auch kommen neue Generationen, die weniger zu vergessen haben. Die Zeit heilt wohl die Wunden nicht, wie noch Hegel glaubte, aber sie rückt sie in die Ferne, sie lässt sie versinken. Was bleibt sind Bilder, historische Erzählungen, Allgemeinplätze, die nur noch einen Schatten des ehemaligen Schreckens auslösen und ihn im kulturellen Gedächtnis erhalten.

Geschichtsbewusstsein und Erinnerungskultur sind wichtig, um ein „Nie wieder!" wahrscheinlicher zu machen. Die entscheidende Frage lautet hier: Was genau wollen wir in welcher Vitalität und Gegenwärtigkeit erinnern; was ist trauerndes Verharren, was sinnvolles Erinnern, was Geschichts-vergessenheit? Das gegenwärtige „neue Unbehagen an der Erinnerungskultur" (Aleida Assmann) ist ein Indiz für eine sich ändernde Positionierung des Zeitgeists innerhalb dieses Spektrums. Zuerst gab es die Hoffnung auf ein Ende, dann ein langsames Absinken des Gewesenen ins Vergessen, schließlich ein Wiedererstarken eines positiven Lebensgefühls. Lebensfreude ist das Kontrastgefühl zur Realität der Vernichtung; sie verstärkt die Wahrnehmung des Grauens, und sie bildet unter Umständen auch ein wirksames Gegengift.

1997 kam ein Film in die Kinos, der diesen Kontrast meisterhaft in Szene setzte. Roberto Benignis Holocaust-Komödie „Das Leben ist schön" rührte gleichermaßen die Herzen von Italienern, Israelis und Deutschen. Der Film wurde zum erfolgreichsten Film Italiens, und er wurde auch auf dem 15. internationalen Filmfestival in Jerusalem mit großem Applaus ausgezeichnet. Die Online-Zeitung für jüdisches Leben berichtet unter der Überschrift „Benignis Holocaust-Komödie – Überraschende Begeisterung in Israel" über die Aufführung:

> „Eine tränenüberströmte Zuschauerin sagte nach der Aufführung des Films, der auch in Cannes mit dem Großen Preis der Jury ausgezeichnet worden war: «Der Mann ist einfach ein Genie. Ich hätte nie erwartet, dass mir der Film so nahegehen würde». Nur eine Frau im Publikum stand auf und sagte, das Werk Benignis verletze ihre Gefühle." (www.hagalil.com/archiv/98/07/benigni.htm)

Die Jüdische Allgemeine Zeitung zitiert eine Leserin:

> „Charlie Chaplin hat Hitler in *Der große Diktator* verulkt. Er wusste aber nicht, was sich wirklich abspielte, nachher war er auch entsetzt. Für so ein Thema muss man eine enorme Sensibilität haben, wie sie beispielsweise Roberto Benigni in seinem Film *Das Leben ist schön* zeigen konnte. Das war ein großartiger Film." (www.juedische-allgemeine.de/article /view/id/3386).

Fast alle Zuschauer waren bewegt und angesprochen, nur wenige fanden kritische Worte. Wie war das möglich, Komik und Klamauk im Konzentrationslager und fast alle gehen d'accord?

Der Film ist ein Märchen von einer jungen Familie, die in ein KZ eingeliefert wird. Auch das KZ ist nur teilweise realistisch dargestellt, teilweise nur angedeutet und märchenhaft verfremdet. Der Vater, ein begnadeter Komiker und Geschichtenerzähler schafft es, seinem kleinen Sohn die krude Wahrheit dieser Situation zu ersparen. Er deutet schreckliche Vorgänge um in lebensfrohe Ereignisse. Das ganze sei ein Wettkampf, ein Spiel zwischen den Gestreiften und den Uniformierten. Wer tausend Punkte erreicht gewinnt einen Panzer. Am Schluss gewinnt das Kind und findet seine Mutter wieder.

Sehen wir uns zwei Szenen genauer an. Noch in der Zeit vor der Einlieferung ins KZ liest der Junge ein Schild in einem Schaufenster: Zutritt verboten für Juden und Hunde. Es entwickelt sich folgender Dialog zwischen Vater und Sohn.

Sohn: Wieso dürfen denn Juden und Hunde in diesen Laden nicht rein Papa?

Papa: Die wollen eben keine Juden und Hunde in ihrem Laden. Schließlich kann doch jeder machen, was er will. Da vorne ist ein Geschäft, ein Eisenwarenhändler, der will in seinem Laden z.B. keine Pferde und Spanier. Gestern war ich mit einem Freund, einem Chinesen in der Apotheke. Er hatte ein Känguru bei sich. Ich frage, dürfen wir rein? Nein, Chinesen und Kängurus dürfen nicht rein. Ja, was soll's, wenn sie es so wollen, was willst du machen?

Sohn: Aber bei uns in die Buchhandlung dürfen doch alle rein?

Papa: Nein, morgen früh hängen wir auch ein Schild in die Tür. Sag mir, wen magst Du nicht?

Sohn: Spinnen und Du?

Papa: Ich – die Westgoten. Wir schreiben also auf das Schild: Zutritt verboten für Spinnen und Westgoten. Ah, ich habe langsam die Nase voll von diesen Westgoten, jetzt reicht's.

Ja, so einfach lässt sich das Unglaubliche und Abscheuliche in etwas Verrücktes und Komisches verwandeln. Wenn man es denn analysieren will, passiert dabei zweierlei, das Judenverbot wird normalisiert und zum anderen ins Absurde gewendet. Dem Jungen gegenüber wird der Vorgang als etwas ganz normales dargestellt: der Eisenwarenhändler hat seine Vorlieben, wie auch der Apotheker und wie jetzt auch wir; alle dürfen etwas wollen und anderes ablehnen.

Gleichzeit wird die Absurdität dieser Ausgrenzungen für den Erwachsenen greifbar. Der eine duldet kein Pferd in seinem Laden, der andere kein Känguru, für einen Erwachsenen sind das wegen ihrer Selbstverständlichkeit absurde Grenzziehungen. Das Kind wird also beruhigt und dem erwachsen Zuschauer verdeutlicht sich der Wahnwitz des Vorgangs. Ein Zugewinn an Einsicht, bei gleichzeitigem Trost, ist der Grund für das Humorvolle der Szene.

Das Leben kann so schön sein, sagt der Film insgesamt. Und im Kontrast dazu erscheint dann das angedeutete Grauen des KZ-Hintergrunds besonders sinnlos und brutal – ein Albtraum. Der Traum eines glücklichen Lebens hat in diesem Film den Albtraum der Vergangenheit mühelos verscheucht. In Chaplins Großem Diktator von 1940 konnte man schon gut über Hitler lachen. Benigni schafft es, das ganze System der Differenzierung und destruktiven Selektion in einem Lachen aufzulösen – und sei es für einen Moment. Aber ein Moment genügt: Wenn einmal kurz das Licht angeht und man die Lächerlichkeit dieses Irrsinns gesehen hat, ist der Albtraum dem Prinzip nach beendet.

In der zweiten Szene funktioniert dieser Mechanismus der Schreckensbewältigung nicht mehr. Sie bildet den dramatischen Höhepunkt des Films. Thema sind jetzt die Leichenberge der Konzentrationslager. Eine Umdeutung ins Normale ist hier nicht mehr möglich. Der Vater begegnet diesem größten Grauen bewusst alleine. Das Kind ist dabei und schläft und bleibt dadurch weitgehend verschont. Dem Vater ist eine „Antwort“ hier nur mehr durch Kontrastierung möglich, dem größten Grauen wird das größte Glück entgegengesetzt.

Minute 106: Der Vater findet eine ihm bekannte Schallplatte, legt sie aufs Grammophon und dreht es zum geöffneten Fenster. Man hört das Lied, das den Beginn ihrer Liebe verkörpert und der ihrer beider Sohn sein Leben verdankt.

Im ganzen KZ hört man die Musik und auch seine Frau Dora hört sie und erinnert sich. Mann und Frau sind sich in der Musik innig verbunden. Es ist die Barcarole von Offenbach, ein wiegendes Gondellied, ein Lied über die Schönheit und Vergänglichkeit der Liebe:

> *Schöne Nacht, du Liebesnacht ...*
> *Es entflieht die Zeit mit Macht,*
> *Der Zarten Liebe Banden*

Es ist Nacht. Der Vater holt nun sein müdes Kind, um es nach Hause zu tragen. Er trägt es auf dem Arm. Das Kind schläft ein. Er trägt das Kind langsam durch Nebelschwaden durchs Lager und spricht zu sich und zu seinem schlafenden Jungen:

> „Wo sind wir hier überhaupt? Vielleicht habe ich mich ja verlaufen. Ach, so ist es brav, schlaf ein und träum was Schönes. Vielleicht ist das alles bloß ein Traum, aus dem wir wieder erwachen werden. Morgen früh kommt dann die Mama und weckt dich. Und zum Frühstück macht sie uns Cappuccino und Milchkaffee und wir essen Kekse dazu. Und dann werden wir uns lieben, zweimal, dreimal, wenn ich es schaffe.“ (Minute 107)

Das Lied klingt langsam aus, Wind kommt auf, die Zeit ist angehalten, die Zeit der Liebe ist vorbei, er geht durch eine Nebelwand.

Jäh steht er mit dem Sohn auf dem Arm vor riesigen Bergen

nackter Leichen, er erstarrt vor Entsetzen, der Wind pfeift, er weicht zurück. Das blanke Grauen wird seinem Kind nicht offen zugemutet, nur schlafend ist es dabei.

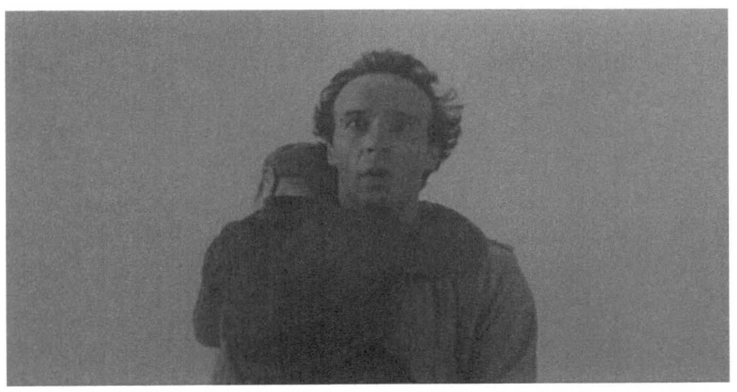

Standbild aus dem Film „Das Leben ist schön" von Roberto Benigni, 1997, Minute 107

Eine geniale filmische Umsetzung für ein Wissen im Hintergrund, für eine mythische Gewissheit, die in der Tradition virulent ist, aber das Tagesleben nicht eigentlich belastet. Benigni in einem Interview zu seinem Film:

> „Ausgangspunkt ist das Prinzip, Traumata von Kindern fernzuhalten, die Reinheit zu schützen. Das ist das älteste, tiefste Gefühl, das Männer haben können. Aber da ist auch die Tatsache, dass Kinder wissen müssen, was vorgeht – und in meinem Film ist es, wie in einem Märchen, als ob das Kind durch meinen Blick lebt. Wenn ich sterbe, ist es so, als wüßte es alles." (Benigni S. 197)

Wir wissen es „irgendwie", in einer nicht-traumatisierenden Form. Der Erwachsene kann den Schreck vielleicht noch verkraften, das Kind, und auch das Kind in uns, kann es nicht. Das Kind schläft und wendet den Kopf in die Gegenrichtung.

– In den Szenen danach versucht er seinen Jungen und seine Frau vor dem Tod zu bewahren. Er riskiert sein Leben, wird erwischt und noch in letzter Minute hingerichtet. Aber Frau und Kind können entkommen, sie finden sich draußen vor dem Lager in offener Landschaft wieder und sind überglücklich. Wir haben gewonnen, ruft der Junge, wir haben gewonnen!

Ein Märchen, das noch gut ausgeht. Der letzte Akt ist der Sieg der Freude und der Liebe.

Liegt darin der Ausweg aus der postfaschistischen Niedergeschlagenheit? Ich denke, ja. Die Lösung liegt in einem sinnvollen Erinnern, das mehr auf das „Nie wieder!“ als auf das „Nicht vergessen!“ ausgerichtet ist.

2000: Offen oder gleichgültig – Leben in der Postmoderne

In den Diskussionen um die Postmoderne und den Umgang mit dem Nicht-festgelegten und scheinbar Systemlosen hört man immer wieder eine Art Vorwärtsverteidigung: Bejahen wir das Offene! Ich liebe Multi-Kulti, ich mag den Reichtum und die Vielfalt, ich liebe die Wahlfreiheit, heute so, morgen so.

Ja, das sind wertvolle Ideen: Polythymie, Vielgestimmtheit, die Fähigkeit, leicht zwischen Stimmungen zu wechseln, andere Standpunkte einnehmen zu können, verschiedene innere Impulse wahrnehmen und gelten lassen zu können. Das zu Festgelegte, zu Eindeutige kann durch etwas Selbstironie und etwas Bereitschaft, auch auf andere Gegenimpulse in sich zu hören, in eine anregende, förderliche Schwingung gebracht werden. Wird das zu Fixe etwas verflüssigt, kann leichter etwas Neues und vielleicht besseres gefunden werden. Im therapeutischen und auch im Beratungsgespräch ist eine induzierte Ambivalenz ein wertvolles Instrument, um Veränderungsvorgänge anzustoßen, neue passendere Ideen und Motive zu finden.

Andererseits ist schwebende Ironie und eine bloße Wertschätzung des Uneindeutigen nur eine unentschiedene Antwort. Uneindeutigkeit kann Offenheit, kann aber auch Gleichgültigkeit bedeuten. Ironie kann sich Lebendigkeit, aber auch Verantwortungslosigkeit annähern – wie z.B. die ästhetisierende, selbstverliebte Distanz und Lässigkeit des Dandy um 1900 oder des Pimp um 2000.

Wo liegt hier die Grenze zwischen „Gut und Böse“? Ich denke, das ist nicht so schwer zu beantworten: Die Grenze sind die Kinder, sowie auch die Kinder in uns. Kinder wollen Antworten und Positionen; Kinder vertragen keine Ironie; und auch in unseren eigenen Herzen ist uns eine klar geäußerte Zuneigung und Wertschätzung durch andere (sofern wir sie annehmen können) lieber als ein lustiges Geplänkel.

Machen wir einen kleinen Test! Arnold Retzer, einer der Protagonisten postmoderner Offenheit, schreibt: „Der Stichwortgeber dieser Entwicklung, einer Entwicklung der Wertschätzung des Uneindeutigen, Ambivalenten und Ungewissen, dürfte Friedrich Nietzsche gewesen sein". (Retzer S. 160) Retzer schreibt für erwachsene Leser, richtet sich an das Erwachsene in den Lesern und zitiert ein Gedicht Nietzsches aus der „Fröhlichen Wissenschaft" (Vorspiel, 11). Versetzen wir uns einmal in die Lage eines Kindes oder erinnern wir uns an unsere eigenen kindlichen Seiten. – Stellen wir uns nun vor, ein Vater spricht dem Sinn nach so zu seinem Kind:

Scharf und milde, grob und fein,
Vertraut und seltsam, schmutzig und rein,
Der Narren und Weisen Stelldichein:
Dies alles bin ich, will ich sein,
Taube zugleich, Schlange und Schwein!

Wie ist das für ein Kind? Keine Frage, entweder lacht das Kind, oh ja, jetzt spielen wir und machen ein ordentliches Chaos!

Wenn es aber ernst wird, wenn das Kind glauben muss, dass es wirklich der Vater ist, der sich hier äußert? Schließlich würde das Kind ängstlich bitten: Oh nein, Papa, bleib bei mir, ich brauche dich, ich hab dich lieb!

Kinder brauchen eindeutige, klare Zuwendung. Wenn Erwachsene sprechen, wird das leicht vergessen – und auch Erwachsene haben eine Kindseite, die immer mit dabei ist und genau zuhört.

2005: Empathie mit wem? – Moderne Erinnerungskultur

Einen Exkurs zu Hitler hatte ich angekündigt; es wurden mehrere und längere Abschnitte. Zu viele Faktoren kommen hier zum Tragen. Zum einen habe ich versucht, die Psychodynamik des Hassens zu begreifen. Ich denke, die geschilderte Verschränkung von Wertlosigkeit und Großartigkeit, Todesangst und Herrentum spielt eine wichtige Rolle. Sozialpsychologische Motive kommen hinzu, wie Loyalität zu den Führern, Gruppenzwänge und eine Ideologie der Normalität und Richtigkeit des Tötens im Krieg und als Völkermord. Harald Welzer hat diesen Aspekt im Begriff der „Tötungsarbeit" neuerdings wieder ausführlich beschrieben („Täter: Wie aus ganz normalen Menschen Massenmörder werden", 2007). Hinzu kommt auch das Kriegsgeschehen als Hintergrund; der Holocaust war ein Teilaspekt des Zweiten Weltkriegs, Krieg und Völkermord geschahen zusammen. Der eingebildete Feind war der „jüdische Bolschewismus", der an allen Fronten zu bekämpfen war. Der Holocaust geschah im Krieg, unter Mithilfe von SS und Wehrmacht in einer allgemeinen Atmosphäre von Verrohung und Grausamkeit.

Wir wissen heute schon sehr viel über diese zwölf Jahre brauner Tyrannei. Wie gehen wir damit um? Drei Wege habe ich schon skizziert, einmal die schon in den Konzentrationslagern entstandene Hoffnung auf ein Weiterleben, getragen von einem Sinn, der es ermöglicht, das alles hinter sich zu lassen, dann ein fassungsloses und auswegloses Erstarren und schließlich ein Wiederanknüpfen an märchenhafte Lebensfreuden, die durch ihren starken Kontrast den Schrecken zumindest vorübergehend bannen und in den Hintergrund treten lassen.

Das alles hilft und trägt zu einer Entspannung bei, aber dennoch bin ich im Rückblick immer noch halb gelähmt und halb noch in einer adornischen Weltverneinung gefangen. Das Thema ist noch nicht gelöst, soweit es je gelöst werden kann. Welche Wege wären noch gangbar? Ein vierter Weg, der derzeit den bundesdeutschen offiziellen Umgang mit dieser Zeit repräsentiert, ist die neue deutsche Erinnerungskultur. Die Erinnerung an die Opfer soll in großen und kleinen Denkmälern, Institutionen und Veranstaltungen auf Dauer verankert werden. Das große „Denkmal für die ermordeten Juden Europas" in Berlin wurde 2005 fertiggestellt und wird von einer bundesunmittelbaren Stiftung des öffentlichen Rechts betreut. Das Stiftungsgesetz nennt folgenden Stiftungszweck:

> „Zweck der Stiftung ist die Erinnerung an den nationalsozialistischen Völkermord an den Juden Europas. Die Stiftung trägt dazu bei, die Erinnerung an alle Opfer des Nationalsozialismus und ihre Würdigung in geeigneter Weise sicherzustellen." (Denkmal URL)

Genaugenommen ist dieses Denkmal also kein Holocaust-Denkmal. Die Opfer allein werden aus dem Gesamtereignis herausgelöst. Die guten Empfindungen wie Solidarität und Mitgefühl sollen wohl gefördert werden. Die neue Erinnerungskultur hofft darauf, in den europäischen Ländern mit der von allen geteilten Ablehnung des Holocaust und mit der Aufarbeitung von anderen Völkermorden das Gute zu bekräftigen. Die Erinnerung an das Negative sei wichtig, „da der Wert der Menschenwürde aus der äußersten Vernichtung der Menschenwürde gewonnen wurde ..." (Assmann S. 75) Der Holocaust habe ein „verwandelndes Potential", Wert und Würde des Menschen würden dadurch, im Kontrast zu derartigen Grausamkeiten, deutlicher.

Der konzentrierte Blick hin zu den Opfern kann freilich eine „Empathie-Steigerung" (S. 139) und zumindest temporär eine erweiterte Solidarisierung zur Folge haben. Aber was geschieht mit allen anderen Gefühlen, die durch diese Erinnerungen ebenfalls vitalisiert werden? Was hilft gegen Täterfaszination und gegen die Verehrung von Grandiosität, ist Empathie-Steigerung hier das adäquate und hinreichende Gegengift? Wird mit der Konzentration auf die Opfer nicht die Beschäftigung mit dem Täter vernachlässigt?

Zur Verdeutlichung dieser Problematik schildere ich kurz ein eigenes Erleben. In einem Film gestern wurde das gelungene Attentat auf den Stellvertretenden Reichsprotektor in Böhmen und Mähren Reinhard Heydrich in Prag 1942 und die bestialische Rache der Deutschen dargestellt. (Die Gesichter des Bösen, Spiegel-TV, 2009) Ich empfinde Schauder und Abscheu bei den Szenen, in denen Heinrich Himmler am Ghettozaun entlang defiliert oder Heydrich, der „Schlächter von Prag", im offenen Wagen durch die Straßen rollt. Ich empfinde eine gewisse Genugtuung darüber, dass wenigstens dieses Attentat geglückt ist. Ich empfinde auch ein Bedauern, dass in Deutschland nichts dergleichen Erfolg hatte. Aber würdevoll oder wertvoll erscheint mir der Mensch in dieser Perspektive nicht. In Assmanns Blickwinkel haben alle Menschen den „gleichen Anspruch auf Schutz, Fürsorge und unsere uneingeschränkte Mitmenschlichkeit" (S. 140) Dem kann ich in dieser Situation nicht zustimmen; ich halte das Attentat für verdienstvoll und heldenhaft, durchgeführt von einer Sondereinsatztruppe Winston Churchills (siehe Wikipedia: Operation Anthropoid). „Diese Menschen waren keine Opfer. Sie waren Helden!" (Der Verteidigungsminister der Tschechischen Republik Jaroslav Tvrdík, 2002). Heydrich andererseits hatte in dieser Situation (!) keinen Anspruch auf Fürsorge und Mitmenschlichkeit. Ich frage mich vielmehr, wieso ähnliches nicht erfolgreich gegen Hitler und andere unternommen wurde.

Leider ist nun aber dieses Gefühl des Abscheus nicht die einzig mögliche Reaktion. Viele waren damals fasziniert, und viele sind es auch heute noch. Ist der Schlächter in Uniform, wie jeder Wicht in Herrenpose, jeder herzlose Gewaltmensch, faszinierend oder abstoßend, strahlt er Integrität aus oder Lächerlichkeit, Souveränität oder kaschierte Angst, Sicherheit oder Gewalttätigkeit?

Holocaust und Völkermord können im Betrachter sowohl Empathie, als auch komplexe Gefühlsmischungen aus Faszination, Abscheu und Angst hervorrufen. Wendet man den Blick vom Täter zum Opfer verwandeln sich die Ambivalenzen aus Ekelhaftem und Anziehendem tatsächlich in Empathie. Diese Umwendung fühlt sich fatalerweise ähnlich an wie eine Lösung: statt Abscheu und allerlei verwirrender Gefühle empfinden wir jetzt Mitgefühl. Das Böse ist aus der Welt, wenigstens für den Moment aus unserem Empfindungsraum. Unsere misanthropischen Gefühle, unsere Zweifel an der Menschheit sind perdu. Wir haben wieder gute Gefühle, wenn auch um den Preis des Wegsehens von anderem. Ist das die Lösung, ist allumfassendes Mitgefühl der richtige Weg?

Die junge Bundesrepublik hatte ihrerseits lange Zeit und hat wohl immer noch zu Recht Angst vor dem eigenen Volk. Mit Verboten im NS-Bereich hat man versucht, Schranken zu errichten, mit dem destruktiven Verehrungsbedürfnis selbst hat man sich jedoch wenig beschäftigt. Man ging schließlich vornehmlich den Weg der Empathie und nicht den der Selbstreflexion. Die folgenden Kapitel versuchen, hier einen Anstoß zu geben.

Schule des Abscheus (I) – Ausblendung von Abscheu

Was aber geschieht beim bevorzugten Gedenken an die Opfer mit dem Abscheu, mit dem Ekel vor manchen Menschen oder gar „dem Menschen", der zu so etwas in der Lage ist? Warum gibt es eigentlich keine Wahrzeichen des Abscheus, abschreckende Mahnmale des Unmenschlichen? Im Gegenteil werden alle Straßen- und Gebäudenamen, die noch an Nazigrößen erinnern, heute in beschämter Beflissenheit entfernt. Das Grausliche soll ganz verschwinden. Das Hässliche, der Missgriff, das Monströse – spräche nicht einiges dafür, das abschreckende Beispiel zu erhalten und als solches sichtbar zu machen? Der Gröfaz und das Großmaul, der Diktator und der Menschenschinder, der Großkotz und der Hassprediger – wäre das nicht ein lehrreiches Gruselkabinett? Wäre man hier in seiner Wahrnehmung besser trainiert, würde man auf den Herrenmenschen jeder Couleur weniger leicht hereinfallen. Auch Anflüge von Abscheu, Widerwille, Ekel und Angst sind schon wichtige Warnempfindungen. Für ein „Nie wieder!" sind diese Empfindungen nicht weniger wichtig als eine erweiterte und stabile Grundsolidarität unter den Menschen. Wenn es Schulen der Empathie gibt, müsste es auch eine Schulung des Abscheus geben. Wäre das also ein fünfter Weg, die Sensibilisierung, Abstoßendes wahrzunehmen, eine Schule der Misanthropie, die für die Schattenseite des Menschlichen die Augen öffnet?

An dieser Stelle empfinde ich es als geradezu befremdlich, dass diese Gefühle des Widerlichen in der Verarbeitung der Geschehnisse nach meiner Kenntnis so wenig thematisiert wurden. Welche Gefühle kamen zur Sprache? In ein Bild übertragen wurde im Anschluss an die braune Katastrophe ein spezieller Garten der Gefühle angelegt und kultiviert. Anfangs wuchs dort vor allem der Schock und die Fassungslosigkeit, dann die Hoffnung und das Bedürfnis und der äußere Druck zu Wiedergutmachung und Entschädigung, auch viel Verleugnung, Relativierung und Versuche der Rechtfertigung, später wuchsen Trauer, Scham, Ehrverlust und Schuld sowie die Bitte um Vergebung, neuerdings vermehrt Empathie und Mitgefühl mit den Opfern und dann auch das Gefühl, selbst Opfer gewesen zu sein, verführt, getäuscht, verheizt, als deutsche Juden verfolgt, vertrieben, ausgebombt. Im Laufe der Jahre wurden immer wieder mal andere Pflänzchen bevorzugt, andere eher als Unkraut angesehen. Aber immer war der Garten reichhaltig bevölkert bis in letzter Zeit der Kirschlorbeer der Empathie im Begriff zu sein scheint, alles andere zu überwuchern. Warum führte der Abscheu nur ein Schattendasein? Wenn es stimmt, dass es nicht nur Täter und Mitläufer, sondern auch Unschuldige gab, dann müsste diesen der Abscheu doch ein naheliegendes Gefühl gewesen sein, näherliegender sogar als Scham und Schuld. Und das war es ihnen bestimmt auch, nur hat anscheinend dieses Gefühl den offiziellen Garten nicht prominent besiedelt.

Einzelne Abscheubekundungen finden sich freilich immer wieder, z.B. sehr deutlich bei Sebastian Haffner. Über die politisch motivierte Ermordung der SA-Führung 1934 schreibt er beispielsweise: „Diese Geschichte hat, auch wenn man für die SA-Führung keine Sympathien empfindet, etwas außerordentlich Abstoßendes." (Haffner S. 244). Was war geschehen? Die SA-Führung wurde in einen Hinterhalt gelockt, verhaftet und kurz danach erschossen. Hitler bestellte Röhm und seine Kumpanen zu einer Unterredung am Vormittag des 30. Juni nach Bad Wiessee am Tegernsee bei München. Röhm und seine Leute reisten bereits am 29. an und übernachteten in der Pension Hanslbauer. Hitler flog nachts aus Berlin nach München und kam mit SS-Begleitung frühmorgens nach Bad Wiessee. Mit der Nilpferdpeitsche in der Hand überrumpelte er, gesichert von seinen Schergen, Röhm und die anderen im Schlaf, ließ sie verhaften und in den darauf folgenden Tagen in München ermorden. Da ist sie wieder, die Nilpferdpeitsche, dieses Mal in der Hand des ehemaligen Opfers. Unter Umgehung jeglicher Rechtsstaatlichkeit wurden in der Folge über 85 Personen schlichtweg exekutiert und die Mordserie wurde, schreibt Haffner,

> „im Großen und Ganzen vom breiten deutschen Publikum und von den alten Oberschichten in Deutschland gebilligt ... Wenn man eine Schuld des gesamten deutschen Volkes an Hitlers Verbrechen suchen will, dann muß man sie wohl hier suchen." (Haffner S. 245f.)

Hitler hatte seinen mörderischen, dreckigen Kern gezeigt, aber kaum jemand ist empört, im Gegenteil, Vizekanzler von Papen gratuliert: „Wie männlich und menschlich groß ich das finde, gestatten Sie mir, Ihnen sagen zu dürfen." Reichspräsident Paul von Hindenburg schickt ein Glückwunschtelegramm „Sie haben das deutsche Volk aus einer schweren Gefahr gerettet." Luise Solmitz, eine mit einem Juden verheiratete Hamburger Lehrerin, notiert hitlerbegeistert in ihr Tagebuch: „Was er in München geleistet hat an persönlichem Mut, an Entschluß- und Schlagkraft, das ist einzigartig." (Ullrich S. 521f.)

Andere blieben klarsichtig und verfielen nicht einerseits in Bewunderung, andererseits in moralische Abstumpfung. Victor Klemperer schreibt in seinem Tagebuch: „Das Gräßliche ist, dass ein europäisches Volk sich solch einer Bande von Geisteskranken und Verbrechern ausgeliefert hat und sie immer noch erträgt."

Für Thomas Mann zeigt sich der Hitlerismus hier schon nach einem Jahr als das, als was man ihn von jeher sah und durchdringend empfand „als das Letzte an Niedrigkeit, entarteter Dummheit und blutiger Schmach." (Ullrich S. 524)

Derartige, beherzt geäußerte und auch emotionale Abstoßungsreaktionen bilden in den Nachkriegsjahrzehnten dann aber eher die Ausnahme der Stellungnahmen. Stimmungsbildend und vorherrschend waren vielmehr Verleugnung und Verharmlosung, Wiedergutmachung und Entschädigung, Scham- und Schuldgefühle, sowie ein weitgehend verstandesmäßiger Versuch des Begreifens. Die tonangebenden sozialpsychologischen Modelle der Folgezeit versuchen das Thema zu versachlichen, zu strukturieren und stellen diejenigen Momente des Vorgangs in den Vordergrund, die keine eigenmotivierte Handlung markieren. Angefangen beim „autoritären Charakter" über die „Banalität des Bösen" bis hin zur „Tötungsarbeit" war und ist man bestrebt, die schrecklichen Abläufe intellektuell aus dem Abstand zu erfassen und sie einer emotionalen Bewertung tendenziell zu entziehen. Diese Haltung festigt sich; der Sozialphilosoph Jürgen Habermas etwa versteht schon 1986 nicht mehr so recht, wie ein Historiker immer noch in seinem persönlichen Selbstverständnis in diese Zeit involviert sein kann. In seiner vielbeachteten Entgegnung im Zuge des damaligen „Historikerstreits" schreibt er: „Man fragt sich verdutzt, warum der Historiker von 1986 nicht eine Retrospektive aus dem Abstand von vierzig Jahren versuchen, also seine eigene Perspektive einnehmen sollte, von der er sich ohnehin nicht lösen kann." Abstand lautet die Devise und diese Denklinie geht davon aus, „daß die Arbeit des distanzierenden Verstehens die Kraft einer reflexiven Erinnerung freisetzt und damit den Spielraum für einen autonomen Umgang mit ambivalenten Überlieferungen erweitert." (Habermas 1986) Man denkt aus einer Position des Danach und des Über-den-Dingen. Man lebt im Geiste Hegels, einem melancholischen Gefühl der späten Zeit – jetzt, in der Dämmerung, beginnt die Eule der Minerva ihren Flug. Das ist nicht unbedingt falsch, wir werden alle älter und schon sein Kommilitone Fallot zeichnete dem Studenten Hegel eine Karikatur mit der Bildunterschrift „Gott stehe dem alten Mann bey" ins Stammbuch (Fallot, Karikatur). Falsch ist es nicht, aber eine Position des Abends. Am Tage sehen die Dinge anders aus. Auch Geschichte wird man bei Lichte anders lesen, nämlich mehr als moralisches Problem: Wie hätte ich gehandelt? Wie hätte man handeln sollen? Was können wir daraus lernen? Die Vergangenheit wird dabei gegenwärtig, das ist der Punkt, sie taucht auf aus dem Dämmerlicht und wird zu einer Lern- und Probemöglichkeit für richtiges Handeln. Das ist nichts Ungewöhnliches, jede gut erzählte Geschichte, jedes Märchen, jede Parabel lebt davon, dass die Essenz ihres Inhalts Gegenwart wird. Sie wird der aktuelle geistige Handlungsraum, sie erhebt, bedrückt oder berührt. Sie hört auf, bloßer Gegenstand von Betrachtung und Analyse zu sein.

Als Ereignis der Gegenwart aber war das Böse noch nie banal, sondern schrecklich; und planmäßiges Töten war noch nie bloße Arbeit, hinter der es keine Absicht und keinen Willen gäbe. Ich denke, mit der Abblendung der Intentionalität dieser Grausamkeiten erschwert man eine Traumaverarbeitung bei den Opfern und bei den Rezipienten. Abscheu vor diesem Handeln erfordert eine, um es mit einem alten Wort zu sagen, eine Ermannung, d.h. eine Aufrichtung des Menschen zur Bereitschaft der Verteidigung seiner Würde und seiner Ehre. Mit dieser Aufrichtung wird ein wichtiger Schritt vollzogen, um zu einer Heilung und zu einem aufrechten Gang zurückzufinden.

TRAUMA (II) – UNTERWERFUNG ALS TRAUMAFOLGE

Aber langsam und der Reihe nach. Die Standardwahrnehmung pendelt heute nach meinem Eindruck zwischen den Empfindungen Grausamkeit und Empathie. Grausamkeit klingt ähnlich wie Abscheu, liegt nahe bei Ekel und Widerwille – alles so ähnlich, ein großer Topf des Negativen, dem dann die Empathie gegenübertreten kann. Die Medien aller Art sind voll mit dieser Gefühlslinie, grausame schreckliche Handlungen leiten den Blick hinüber zu den Opfern und fördern Anteilnahme und Mitgefühl. Der Weg des Gefühls wird auf einer breiten Autobahn vom Schrecken zur Empathie geleitet. Die Guten sind empathisch und Empathie wäre die Lösung, so wird suggeriert. Was ist falsch an dieser Autobahn oder unvollständig? Falsch, defizitär ist die Ausblendung des Täters, man wechselt von der Tat zuverlässig zum Opfer, der Täter bleibt hinter einem Nebel verborgen. Es handelt sich nicht mehr um ein Täter-Opfer-Ereignis, sondern um einen Tat-Opfer-Vorgang. Zur Verdeutlichung hier ein Schema der Beobachtertriade, in der wir uns befinden.

Beobachter sind wir, hier die Leser und Rezipienten, die wir versuchen, die Ereignisse unserer Geschichte zu begreifen und zu verarbeiten.

Die Grafik zeigt die Gefühle und Bewertungen des Beobachters, graues Männchen rechts. Er empfindet im Wesentlichen zwei Dinge, einmal Gefühle von Grausamkeit, Angst, Faszination oder Widerwille in der Betrachtung der Taten (A Grausamkeit, schwarzer Pfeil) und zum anderen Mitleid, Angst, Schrecken, wenn er sich direkt dem Opfer zuwendet (B Empathie, grauer Pfeil). Die Gefühle dem Täter gegenüber bleiben jedoch verborgen, ein großes Fragezeichen (C, weißer Pfeil). Der Täter ist die Instanz, die am schwierigsten zu sehen ist, man sieht die Tat und das Leid, die Scham und die Schuld, aber der Täter in seiner Niedertracht bleibt abgeblendet.

Grafik 5: Beobachtertriade, Täter (links), Opfer (liegend) und Beobachter (rechts)

Um diese spezielle Schwierigkeit zu verstehen, müssen wir uns den Gefühlen des Opfers in einer traumatischen Situation zuwenden. Wird ein Mensch massiver Gewalt ausgesetzt und eine Flucht ist ihm unmöglich, sind schematisiert folgende vier Gefühlsreaktionen möglich:

1. Angst und Schrecken
2. Lähmung und Gefühllosigkeit
3. Unterwerfung und Faszination
4. Abscheu und Wut

Wenn das Opfer nicht hilflos ist, kann die Angst gering bleiben und es kommt gleich zum Kampf und zur Gegenwehr. Je hilfloser das Opfer ist oder sich fühlt, desto heftiger ist auch der Schrecken, der dann zu einer angsterfüllten Erstarrung, Flehen um Gnade, schließlich völliger Selbstaufgabe und innerer Angleichung an den Täter führt. Das Opfer übernimmt unter Umständen die Perspektiven des Täters, wird absolut willfährig, sucht seine Wünsche zu erraten und ihm zu Willen zu sein. Um sein nacktes Leben zu retten, gibt es sich als Person auf. Durch die Todesangst wird es auf etwas reduziert, das einem bloßen Körper mehr gleicht als einem Menschen. Wehrlosigkeit und Kontrollverlust sind in der Traumasituation evtl. lebensrettende psychische Mechanismen. In dieser Situation Wut und Abscheu zu empfinden, kann lebensbedrohlich sein und würde entsprechend große Ängste hervorrufen.

Nun ist es leider so, dass unverarbeitete Traumen häufig dazu führen, dass die Opfer in der Gefühlswelt von 2. und 3. – von Gefühllosigkeit und Unterwerfung – verbleiben. Ein Empathiedefizit auch sich selbst gegenüber erleichtert das Absehen vom eigenen Selbst und fördert die Unterwerfungsbereitschaft. Die Lähmung feinerer Resonanzfähigkeit korreliert mit einer Begeisterung fürs Grobe und Martialische. – An sich situationsangemessene Wut und Abscheu unterbleiben. Sie würden nach wie vor, also auch außerhalb der Traumasituation starke Angst auslösen. Wut und Abscheu werden deshalb auf vielfältige Weise abgeblendet und wegrationalisiert, man versteht den Täter, ist empathisch mit dem Opfer und dergleichen. In jedem Fall zieht man die Aufmerksamkeit vom Täter als Täter ab und die Tätermotivation, der Gewaltimpuls kann hinter einem sedierenden Nebel verschwinden.

DESTRUKTIVE SOUVERÄNITÄT (III) – HINTER DEM NEBEL

Was würde man sehen, wenn der Nebel gelüftet würde, wenn sich die Angst soweit beruhigt hat, dass man den Täter sehen könnte? Man sieht dann die Unnahbarkeit und spürt den eigenen Hass. Primo Levi hat es in seinem Erfahrungsbericht aus dem KZ Auschwitz-Birkenau so beschrieben:

> „Was wir alle über die Deutschen dachten und sagten, war in dem Augenblick unvermittelt zu spüren. Der jene blauen Augen und gepflegten Hände beherrschende Verstand sprach: »Dieses Dingsda vor mir gehört einer Spezies an, die auszurotten selbstverständlich zweckmäßig ist ...» Und in meinem Kopf, gleich Kernen in einem hohlen Kürbis: »Die blauen Augen und blonden Haare sind von Grund aus böse. Jede Verständigung ist ausgeschlossen.«“

Der Täter „erklärt“ sein „Opfer“ zu einem Ding. Für ihn ist es eine Sache, mit der er zweckmäßig und zielgerichtet umgeht. Die Menschlichkeit ist dem Ding abgesprochen. Das Ding kann den Täter nicht mehr ansprechen und als Menschen erreichen. Er ist unnahbar, sein Blick ist nicht mehr der zwischen Menschen. Levi schreibt:

> „Könnte ich mir aber bis ins letzte die Eigenart jenes Blickes erklären, der wie durch die Glaswand eines Aquariums zwischen zwei Lebewesen getauscht wurde, die verschiedene Elemente bewohnen, so hätte ich damit auch das Wesen des großen Wahnsinns im Dritten Reich erklärt.“ (Levi S. 128)

Und was fühlt das „Ding“, wenn es als Ding betrachtet und behandelt wird? „Wie stets, wenn wir ihre harten Gesichter erblickten, fühlte ich Grauen und Hass in mir hochkommen.“

(S. 190) Die Entmenschlichung führt im Opfer zu Hassempfindungen (wenn es ihn empfinden darf) und im Täter zu einem Stärkung seines Gefühls der Souveränität (solange das Opfer hilflos bleibt). Der Täter kann seine Souveränität genießen; mit Sadismus oder sexuellen Motiven wäre das Motiv viel zu eng gefasst. Der Triumph der destruktiven Souveränität beruht nicht auf einem „Du leidest durch mich", sondern hier geht es ums Ganze „Dein Leben ist in meiner Hand".

Destruktive Souveränität ist eine Kontra-Großartigkeit. Wie wir an der Analyse von Hitlers Charakter sehen konnten, ist sie in ihren Abstufungen gespeist aus übermäßiger Bedrohtheit bis zu paranoider Angst und aus übermäßigem Selbstzweifel bis hin zu Selbsthass und -ekel. Den übermäßigen Minus-Impulsen begegnet dieser Charakter mit übermäßigen Größenideen und Posen, triumphalischen Plänen und Taten bis hin zu Gewalthandlungen, Mord und Massenmord. Destruktive Souveränität bedeutet Selbstvergrößerung durch Abwertung, Verdinglichung, Vernichtung anderer. Schwer mag es manchen fallen, hinter der vordergründigen NS-Souveränität die Angst und die Bedrohtheit zu sehen; manchen erscheint der Auftritt gar als männlich.

Im Grunde ist es einfach: destruktive Souveränität zeigt sich erstens immer als Kommunikationsverweigerung. Wirklicher Kontakt von Mensch zu Mensch ist nicht-festgelegt, prinzipiell offen und kann leicht verunsichern. Begegnung wird deshalb vermieden und durch einen Umgang mit Dingen oder Anhängern ersetzt. Dinge verunsichern weit weniger als Lebewesen. Der destruktiv-souveräne Auftritt ist daher weit mehr ein Monolog als ein Disput. Hitler hat nächtelang monologisiert, die gesamte Struktur seiner Tyrannis war das Gegenteil von Auseinandersetzung, Demokratie und Parlamentarismus. Gegner gab es nicht, nur Feinde und die wurden wenn möglich vernichtet. Destruktive Souveränität scheut echten zwischenmenschlichen Kontakt. Sie lebt in der Pose, im Eindruck, den sie hinterlässt.

Zweitens ist mit ihr immer etwas Abscheuliches verbunden; man empfindet Kälte, Unnahbarkeit, Angst oder Faszination. Destruktive Souveränität benötigt notwendig einen Beobachter, der von ihr fasziniert ist. Wenn keiner bewegt wird, ist der Spuk vorbei. Der faszinierte Beobachter, der Mitläufer, der Mittäter oder wenigstens der imaginierte Beobachter reagiert auf die Größendarstellung wie gegebenenfalls auf Gewaltausübung mit Schauder und Bewunderung.

Drittens lebt destruktive Souveränität von latenten oder manifesten aggressiven Beziehungsimpulsen wie Wut, Rache, verzweifelter Selbstbehauptung. Der dritte Punkt darf nicht vergessen werden, er zeigt, dass auch ein Serienmörder oder Massenmörder einen „Beitrag“ zu einem Beziehungsgeschehen liefert. Seine Tat ist seine Art, zu seiner sozialen Situation Stellung zu beziehen. Es ist seine Art, wie „er sich hier einbringt“. Verweigerung und Kälte könnte auch zu Rückzug und Verstiegenheit allein führen. Erst die aggressiven Beziehungsimpulse machen aus einem Menschen mit einer schweren Selbst- und Bindungsstörung einen potentiellen Gewalttäter.

In fast jedem Hitlerfilm heute rätselt man über die Willfährigkeit und Bewunderung, die diesem Mann entgegengebracht wurden. Die Lösung des Rätsels ist nicht schwer, aber unangenehm: Gewalt, Macht und Terror in passender Dosierung faszinieren viele, allzu viele Menschen. Sie unterwerfen sich und schmiegen sich an. Sie selbst würden Gewalt meist nicht ausüben, aber sie bewundern „den starken Mann“, der diesen „Mut“ und diese „Entschlossenheit“ besitzt. Das Abscheuliche an der Sache nehmen sie nicht wahr, sondern nur das Grandiose. Ich meine, das ist die Crux: Selbsthass, Selbstekel und Angst im Herrscher und seiner Clique und ihr kontraphobisches Agieren werden nicht gesehen und ebenso wenig kann der destruktive Beobachter mit Abscheuempfindungen reagieren. Der Weg zur Empfindung von Abscheu und Wut ist ihm verbaut oder erschwert. Wenn er hier weiter oben vom „dreckigen Kern“

Hitlers liest, zögert er und überlegt, ob das zutreffend ist; darf man von einem Menschen so sprechen? – Ich denke, man kann davon ausgehen, dass die an sich angemessenen Empfindungen von Abscheu und Wut im faszinierten Beobachter durch eine eigene traumatisierende Geschichte der Unterwerfung und des Gehorsams halb gelähmt und stillgelegt sind. Abscheu und Wut sind jetzt mit starker Angst assoziiert, das Traumaopfer „wählt" den Weg der Bewunderung und Beschwichtigung eher als den der Auflehnung. Bewunderung ist der breit gebahnte Reaktionsweg, Wut wäre lebensbedrohlich gewesen und wurde erfolgreich verwandelt. Was hier ins Auge fällt, ist die ganz ähnliche Metamorphose im Gewaltmenschen wie im Unterworfenen. Angst und Abscheu werden im Tyrannen nicht empfunden und in Triumph und Gewalt verwandelt; Abscheu und Wut gegen die destruktive Grandiosität wird nicht empfunden und in Schauder und Faszination verwandelt. Wahrnehmung von Abscheu bewirkt ein Zurückweichen, ein sich Wegdrehen im Ekel oder ein Wegstoßen und Abwehren. Die destruktive Reaktion hingegen tilgt die Abstoßung, bewundert und schmiegt sich an.

In der fiktiven Schule des Abscheus wäre zu lernen, dass die traumatische Situation vorüber ist, dass jetzt Abwehr und Wut wieder erlaubt sind und der Preis des bedingungslosen Sichanschmiegens wieder empfunden werden kann. Möglicherweise öffnet sich dann das Tor zu einem Leben, in dem der Preis des Selbstverrats nicht mehr zu den Grundkosten zu rechnen ist.

Generelle Gewaltfreiheit kann daher nicht der Weisheit letzter Schluss sein. In der Verarbeitung einer Traumasituation sind die Bereitschaft zu Aggression und Wehrhaftigkeit entscheidende Schritte zur Wiedererlangung der eigenen Würde. Die Bereitschaft zur Aggression bezeichnet eine Wutreserve, die es dem Traumatisierten ermöglicht, den Bewunderungsreflex zu zähmen. Das Gefühl der eigenen Wehrhaftigkeit ist ein oft entscheidendes Gegengewicht gegen ein wachsendes Verleugnungs- und Unterwerfungsbedürfnis. Wehrhaftigkeit heißt Angstverringerung, heißt im guten Fall Wiedererlangung der Sensibilität, um zwischen dem Erwünschten und dem Befürchteten unterscheiden zu können.

Wut (IV) – Mechanismen des Nicht-wahrnehmens

Manchem Leser wird eine Ähnlichkeit der Begriffe „destruktiver Souveränität“ und „narzisstischer Wut“ (Heinz Kohut) aufgefallen sein. Ich meine schon, beide bezeichnen etwas Ähnliches, „narzisstische Wut“ aber benennt etwas, um es dann sofort wieder etwas ins Abseits zu schieben. Beide Begriffe, „Narzissmus“ wie „Wut“, besitzen heute einen abwertenden Beigeschmack und insgesamt lässt „narzisstische Wut“ an verzweifelte Kinder, an fassungslose, heftigste Aggressivität denken. Wenn wir diese Verkindlichungen beseitigen wollen, können wir statt von Narzissmus von Selbstbehauptung sprechen und statt von Wut von Aggression. Statt von „narzisstischer Wut“ sprächen wir dann von selbstbehauptender Aggressivität – und nun bemerken wir auch die unglückliche Verdrehung, die in diesem Begriffspaar liegt: „selbstbehauptende Aggressivität“ stellt das Mittel, die Aggression, in den Vordergrund und verdeckt den Zweck, die Rettung der bedrohten Selbstbehauptung. Richtiger und sprachlich weniger sperrig wäre der Ausdruck „aggressive Selbstbehauptung“. Damit sind wir der „destruktiven Souveränität“ schon recht nah, einer Selbstsicherheit, die sich nicht aus Anerkennung, Kommunikation und Bindung speist, sondern aus Bewunderung, Monolog und Abwertung bis hin zur Vernichtung. – Der Ausdruck „narzisstische Wut“ verschleiert, gewollt oder ungewollt, dass es sich um Alltagshandlungen von Erwachsenen handelt. Kohut selbst wollte „narzisstische Wut“ sehr weit gefasst wissen. In ihren stärksten Ausprägungen soll sie jedoch explizit nicht regressiv verstanden werden:

> „Der grauenhaftesten Zerstörungsgewalt des Menschen begegnet man nicht in Form wilden, regressiven und primitiven Verhaltens, sondern in Form ordnungsgemäßer organisierter

> Handlungen, bei denen die zerstörerische Aggression des Täters mit der absolutistischen Überzeugung von seiner eigenen Größe und mit seiner Hingabe an archaische allmächtige Figuren verschmolzen ist." (Kohut S. 225)

Erwachsene Destruktivität, eine kalte Wut, in der das Ich die Kontrolle behält, kann realiter mindestens ebenso vernichtend sein wie die Phantasien regressiver Wutausbrüche.

Aggressive Selbstbehauptung ist ein Grundton unserer Kultur. Der Übergang zu destruktiver Souveränität in allen Ausprägungen ist ein fließender, wie etwa über diese Abstufungen: Skepsis, Misstrauen, Abwertung, Feindbilder, Angst, Bedrohtheit, Existenzangst, Kampfbereitschaft, Ausgrenzung, Abtrennung, Wille zur Prävention, Verfolgung, Ghettoisierung, Verdinglichung, Vernutzung, Vernichtung, systematische Ausrottung.

Hitler und seine frenetischen Claqueure sind uns auch heute noch näher als wir wahrhaben wollen. Der Holocaust markiert keinen Zivilisationsbruch und ist auch kein singuläres Ereignis, sondern eine Steigerung, ein bis dahin noch nie erreichtes Maximum. Ausgrenzung und Abwertung, Selbst-erhöhung durch Feindbilder sind „ganz normale" Vorgänge, die hier ins unermesslich Abartige gesteigert wurden.

Aleida Assmann referiert den indischen Historiker Dipesh Chakrabarty:

> „Historische Wunden [der Aberkennung] finden sich bei indigenen Bevölkerungen, die der kolonialen Macht weichen mussten, bei den Opfern der Sklaverei und der Zwangsarbeit in den Lagern Stalins und Hitlers, in Gesellschaften mit Rassentrennung, Apartheid und strengem Kastenwesen. Der Holocaust erscheint in dieser Geschichte der über lange Zeiträume ausgegrenzten und bedrängten Minderheiten und ihrer historischen Wunden nicht als ein absolutes Novum, sondern vielmehr als die absolute und unüberbietbare Steigerung aller

destruktiven Tendenzen dieser langen Geschichte der Aberkennung.“ (Assmann S. 173)

Ob unüberbietbar sei dahingestellt – hoffen wir es.

Liest man diese Liste von Katastrophen und Zerstörungen und bedenkt ein wenig, was hier alles noch nicht genannt wurde, so kommen einem Zweifel an der „Heilbarkeit“ der Welt. War es immer so und wird es immer so weitergehen? Vor 200 Jahren konnte man von hier aus noch nach einem Endzweck dieser Schlachtbank der Geschichte fragen. Hegel entstand hier sogar „notwendig auch die Frage, wem, welchem Endzwecke diese ungeheuersten Opfer gebracht worden sind.“ (Hegel, Geschichte S. 80) Heute ist das vorbei, allenfalls Fanatikern kann man noch etwas von Opfern für einen Endzweck erzählen.

Derartige Aufzählungen und Massierungen von Kriegen und Völkermorden erschlagen mich, betäuben mich. Solche Lawinen lassen sich weder verarbeiten, noch betrauern, noch irgendwie rechtfertigen oder lösen. Dass das alles einen Zweck haben soll, der diesem Gräuel einen Sinn verleihen soll, „daß die Vernunft die Welt regiert und so auch die Weltgeschichte regiert hat“ – von heute aus gesehen, welch wundersame Idee. Hegel gehörte auch zu denen, die der Meinung waren, es sei unmöglich, Napoleon, diese Weltseele, nicht zu bewundern. Erst hatte er Angst beim Einmarsch in Jena 1806, dann sieht er ihn und schreibt: „Es ist in der That eine wunderbare Empfindung, ein solches Individuum zu sehen, das hier ... über die Welt übergreift und sie beherrscht.“ (Rosenkranz S. 229) Erst Angst, dann Bewunderung und erhebende Empfindungen angesichts dieser konzentrierten Grandiosität. Das Abscheuliche an diesem Herrscher wird nicht mehr gesehen, Angst macht zum Komplizen und untergräbt den klaren Gedanken. Hegel ist keine brauchbare Referenz für das Thema Sinn und Zweck, allzu sehr ist er vom Bedürfnis, das Gewaltige zu verehren, sabotiert.

Unversehens gerate ich wieder in eine graue Weltsicht. Der Begriff „destruktive Souveränität“ hatte den Lebensgeist geweckt und den moralischen Sinn, das Gute vom Schlechten zu unterscheiden. Der Gedanke „Schlachtbank der Geschichte" versenkt alles wieder in einem toten Einerlei, aus dem es kein Entrinnen mehr gibt. Wo wurde in diesem Labyrinth der falsche Abzweig gewählt? Es ist die Grusellawine von Assmann-Chakrabarty, die zu Hegels Schlachtbank führt, es ist der Schrecken der Welt als Gesamtbegriff, das Große Geröllfeld an Mord und Totschlag, das bald jeden Meter Boden dieser Erde schon mit Blut durchtränkt hat – Gruuuselll.

In dieser Sicht liegen überall Leichen und die Zeit steht still. Wer so denkt und fühlt, braucht wohl dringend einen Endzweck. Nichts darf vergehen, alles muss aufgehoben und gerechtfertigt werden – oje, Gott stehe dem armen Mann bei, die Last der Welt liegt auf seinen Schultern.

Melancholie heißt also, das lerne ich hier wieder, der Verlust der Unterscheidungskraft, der Verlust der Differenz von Abscheu und Sympathie, das Ende der Zeit. Wie wir oben gesehen haben, wendet sich der Beobachter in der Täterabblendung von der Grausamkeit ab und direkt in Empathie dem Opfer zu. Wut und Abscheu werden vermieden. Hegel vollzieht eine ähnliche Abwendung, mit anderem Ziel. Der Voraussetzung, dass die Vernunft die Welt regiert, der Verehrung eines Höheren, wird alles andere untergeordnet. Die „trübe Empfindung", die die Schlachtbank der Geschichte auslöst, wird überwunden durch die strikte Hinwendung zum Endzweck, dem alles nur ein Mittel ist. In abfälligem Duktus schreibt Hegel:

> „Wir haben es von Anfang an überhaupt verschmäht, ... von jenem Bilde des Besonderen zum allgemeinen aufzusteigen; ohnehin ist es auch nicht das Interesse jener gefühlvollen Reflexionen selbst, sich wahrhaft über diese Empfindungen zu erheben und die Rätsel der Vorsehung, welche in jenen Betrachtungen aufgegeben worden sind, zu lösen." (Hegel, Geschichte S. 81)

Grausamkeiten seien Rätsel der Vorsehung. Was passiert hier? Man sieht das Leid und man sieht es nicht, man wendet sich vertrauensvoll und ergeben dem Höheren zu. Nach Gründen sucht man nicht, nach verantwortlichen Schuldigen zweimal nicht. Und auch Empathie ist etwas, das hier explizit verschmäht und abgewertet wird: „Es ist vielmehr das Wesen [jener gefühlvollen Reflexionen], sich in den leeren, unfruchtbaren Erhabenheiten jenes negativen Resultats trübselig zu gefallen." Der Endzweck und die Ergebenheit in die Vorsehung definieren nach diesen Abwertungen den Empfindungsraum beinahe vollständig.

Bis hierher haben wir also schon zwei psychische Gewohnheiten kennengelernt, die geeignet sein können, adäquate Minus-Gefühle wie Abscheu, Angst und Wut zu vermeiden, die Bewunderung von Größerem, Höherem, der Glaube an einen Endzweck, und, historisch jünger, ein allgemeines Mitgefühl mit Opfern und leidenden Menschen. Historisch gesehen wurde das tragende Gefühl des Erhabenen im Nachklang des 20. Jahrhunderts durch das Mitgefühl abgelöst. Die alte Aufmerksamkeit richtete sich auf das besonders Große, die neue auf das besonders Bemitleidenswerte. Beide Empfindungen wenden die Aufmerksamkeit ab vom Abscheulichen, Grausamen und verwandeln den Stimmungs- und Denkraum; adäquate Abstoßungsgefühle werden abgeblendet und überlagert. Beides sind Abwendungen, die in der Lage sind, den Empfindungsraum großenteils neu auszutapezieren. Der Kompass des Abscheulichen geht verloren, die Balance der moralischen Stellungnahmen zu Gut und Böse kommt aus dem Gleichgewicht.

Destruktive Zugehörigkeit (V) – oder Menschlichkeit

Verehrungsbedürfnis und allgemeine Empathie trüben die moralische Differenzierungskraft zwischen sympathisch und abscheulich. Ein weiteres eintrübendes und vielleicht allzumenschliches Bedürfnis ist das Bedürfnis nach Zugehörigkeit, auch um den Preis moralischer Integrität. Ich möchte diese Gemeinschaftlichkeit destruktive Zugehörigkeit nennen, wenn sie sich über Destruktivität selbst erhöht. Genauer kann man sagen, diese Form der Zugehörigkeit wird um destruktive Empfindungen herum errichtet; im Kern siedeln Abwertungs- und Verachtungsimpulse, die die Schattenseite der Fahne markieren, hinter der man sich versammelt. Jede Fahne hat ihre Schattenseite, jede militante Größe speist sich aus ihrem Gegenpol. Destruktivität wirkt dabei in zwei Richtungen, nach Innen gegen die eigenen Mitglieder und nach Außen gegen die fremden Familien, Gruppen, Ethnien und Nationen.

Zugehörigkeit um fast jeden Preis und sei es um den der Selbstverbiegung bis zum Selbstverrat ist vielleicht derjenige Zug des Menschen, der am meisten Anlass gibt, an seiner Moralität, an seiner allgemeinen Menschlichkeit und Lebensfreundlichkeit zu zweifeln. Wenn es nur der eigenen Gruppe vermeintlich gut geht, ist oft jedes Mittel recht. Christen massakrierten andere Christen, Spanier massakrierten Inkas, Christen Juden, Chinesen Chinesen, Hutus Tutsis, Deutsche Franzosen und Juden, Amerikaner Indianer. Endlos ist die Liste und erstaunlich und erschütternd ist es zu sehen, mit welcher Leichtigkeit moralische Skrupel beiseite geschoben werden, wenn man sich im Recht, in der Pflicht oder irgendwie bedroht fühlt.

Moral scheint ein feines Friedensregulativ zu sein, das aber im Konfliktfalle oder im Falle einer Chance zur Bereicherung oder Vergrößerung leicht auch wieder außer Kraft gesetzt wird. Die Kriege des 20. Jahrhunderts haben zudem die mühsam erreichten Kriegskonventionen vergangener Zeit faktisch wieder abgeschafft. Für Clausewitz ging es im Krieg noch um Kampf und Sieg, in den modernen Bomben- und Vernichtungskriegen gab es nur noch Verlierer.

Trotz alledem gilt wohl nach wie vor: Man erzähle einer Gruppe, einer Konfession, einer Rasse, einem Volk zwei Dinge und man wird es zu fast allem bewegen können. Erstens, es sei von Gott auserwählt, von der Natur bevorzugt oder aus einem sonstigen Grund einzigartig und überlegen. Und zweitens, es existiere ein höherer Auftrag zur Expansion, es sei auf Leben oder Tod bedroht oder aus einem sonstigen Grund dazu berufen und genötigt, andere zu überfallen, zu missionieren oder zu unterwerfen. Wenn die übrigen Bedingungen stimmen, wird daraus eine ernsthafte politische, militärische, ökonomische Bewegung werden.

Die NSDAP bekam in den Wahlen 1933 gut 30% der Stimmen; im November 1933 waren es 89%. In den Monaten danach wurde Röhm und wurden hunderte andere missliebige Personen ermordet, wurde Juden schikaniert, zogen randalierende Trupps durch die Straßen, wurden viele Gesetze dehumanisiert. Der Begeisterung hat es nicht geschadet, im Gegenteil. „Denn ja, es jubelte das deutsche Volk ... Ich war dabei." bezeugt Jean Améry (Améry S. 8). Wir sind jetzt eine Einheit, ein Volk über alle Klassen hinweg und wir sind etwas besseres und zu Großem berufen.

Es wurde später viel darüber gestritten, ob die Deutschen mehrheitlich Antisemiten waren oder ob sie sich hauptsächlich gefügt hatten oder aus Angst fügen mussten. Ich befürchte, sie waren auf jeden Fall mehrheitlich Rassisten oder Chauvinisten, die zumindest davon gebauchpinselt waren, dass sie Mitglieder einer vermeintlich überlegenen, wenigstens kulturell und moralisch höherstehenden Gemeinschaft waren. Zumindest als höheres Kulturvolk fühlte man sich und darin den „Slawen“ und anderen überlegen.

Hier beginnt die Niedertracht und hier hätte der Widerwille einzusetzen. Améry schreibt 1964, gut dreißig Jahre danach: nur über die Realisierung des Abscheus vor all den Deutschen, die nicht Widerstand leisteten, wäre eine Begegnung mit den Opfern und eine Tilgung der Schande denkbar. Deutschland würde dann „sein vergangenes Einverständnis ... als die totale Verneinung nicht nur der mit Krieg und Tod bedrängten Welt, sondern auch des eigenen besseren Herkommens begreifen lernen...“ (S. 124f.) Die vermeintliche Überlegenheit käme in ihrer faktischen Niedertracht zu Bewusstsein.

Ist das inzwischen erfolgt? Haben die Deutschen ihren Rassismus, ihren Chauvinismus, ihren Dünkel bereut, ist die „totale Verneinung“ des „eigenen besseren Herkommens“ mittlerweile erfolgt? Ist die Rede vom „deutschen Wesen, an dem die Welt genesen soll“ nicht nur als altväterlich verlacht, sondern als Same der Menschenverachtung durchschaut? – Es ist dies ein Weg der Selbstreflexion, der durch Empathie mit den Opfern nicht ersetzbar ist.

Ich bin nicht so hoffnungslos wie Améry, der damit rechnete, dass Hitler und Himmler bald Namen sein werden wie Napoleon und Fouché. Aber skeptisch macht es mich doch, das vorbildhafte deutsche Erinnern und mehr noch die Vorherrschaft der guten Gefühle im Vergleich zu den Empfindungen des Abscheulichen. Andererseits, andauerndes Selbstmisstrauen hat Améry von den Deutschen gefordert – vielleicht hat sich da etwas verändert?

> „Ein stolzes Volk.“ schreibt er „Ein stolzes Volk immer noch. Der Stolz ist ein wenig in die Breite gegangen, das sei zugegeben ... Er beruft sich nicht mehr auf die heroische Waffentat, sondern auf die in der Welt einzig dastehende Produktivität. Aber es ist der Stolz von einst...“ (S. 128)

„Der Stolz von einst“, weniger höflich gesagt, die Überheblichkeit von einst – wenn man heute, fünfzig Jahre später auf die dominierende Rolle Deutschlands in Europa blickt, erscheinen die Worte Amérys beinahe prophetisch. Selbstmisstrauen ist hier selten zu vernehmen. Und das Abscheuliche der subtilen oder manifesten Verächtlichkeiten gegenüber den weniger erfolgreichen, diese selbstkritische Regung, wird sie vermehrt wahrgenommen? Diese Empfindung eines gewissen Abscheus wäre ja prinzipiell das Tor zur Empathie *vor* der Erniedrigung und der Tat. Empathie nach der Tat ist vergleichsweise harmlos und billig zu haben, der gnädige Mantel des Vergangenen fordert allenfalls Wiedergutmachung, aber kaum dringend einen Eingriff. Abscheu vor der Handlung, *vor* der Tat jedoch drängt zum Widerstand und fordert die Person in ihrer Gegenwart. Vieles steht dem entgegen, nicht nur bei den Deutschen. Vermeintliche Überlegenheit wird meist lieber genossen als in ihrer Verächtlichkeit wahrgenommen.

Ich denke, ganz im Allgemeinen, der Gedanke und das Gefühl, die eigene Gruppe sei etwas besseres, ist tiefsitzend und weitverbreitet. Das süße Gift der Überlegenheit, es sickert wie Wasser in die geschwächten Herzen. Es gibt keinen „Schoß, aus dem das kroch“, wie Bert Brecht dichtete, es bedarf keiner Geburt, es ist immer da, mal mehr mal weniger. Wenn man ein Bild möchte, „es“ ist wie ein hübsches Schneeglöckchen, es kommt aus der Kälte, duftet lieblich und ist giftig. Das Überlegenheitsgefühl (Alfred Adler) ist ein Versuch, Minderwertigkeitsgefühle und Defizite an echtem Gemeinschaftsgefühl zu kompensieren. Selbsterhöhung durch Abwertung anderer, dieser Mechanismus funktioniert nicht nur in Einzelnen, sondern gerade auch in Gruppen. Für ein geschwächtes Selbst gibt es kaum etwas anziehenderes und faszinierenderes als Teil einer mächtigen Gruppe oder Strömung zu sein, der ein großer Kampf gegen ihre tatsächlichen oder vermeintlichen Feinde bevorsteht.

Die Logik hinter all diesen Kompensationen lautet: Aufwertung durch Abwertung, Selbstsicherheit durch Bedrohung, Existenzgefühl durch Folter und Vernichtung. Jede falsche Gemeinschaftlichkeit und schon jede Pose besitzt eine abwertende Rückseite. Ein posierender Charakter, eine „narzisstische" Persönlichkeit ist nicht nur nicht-authentisch, sondern – ich befürchte, das darf man so allgemein behaupten – immer auch abwertend, gehässig, abscheulich. Das wird gerne übersehen. Man sieht die Künstlichkeit, die Unnahbarkeit, das Bindungsdefizit und erklärt sie sich als Mangel an Mitgefühl und Resonanzfähigkeit. Selbstvergrößerung ist aber kein Resultat bloßer Distanzierung; Rückzug allein hätte die Tendenz zu Isolation und Depression. Narzisstische Grandiosität ist immer auch eine Bewegung nach oben und sie besitzt eine Schattenseite der Abwertung von anderen oder anderem. Man kann sie in einem Bild als Selbst-Abstoßung nach oben auf Kosten von anderen sehen, die im gleichen Zug nach unten gedrückt werden. Man wertet sich auf, geradezu *indem* man andere oder anderes abwertet und erniedrigt. Die abgewertete Seite kann eine andere Person oder Gruppe, kann aber ebenso ein eigener innerer Selbstanteil sein, eine verhasste eigene Seite sein, wie wir es beispielsweise an Hitlers Selbsthass gesehen haben.

Diese Abblendung, dieses Nicht-Wahrnehmen der Abwertung finden wir z.B. auch in Freuds Narzissmus-Begriff von 1914. Narzissmus bedeutet für Freud das Verbleiben der Hauptmenge an „Besetzungsenergie" im Ich. Der Narzisst „liebt" sich, sucht die „Liebe" zu sich, strebt nach Bewunderung. Die verächtlichen Tendenzen werden nicht gesehen. Die Selbstvergrößerung der falschen Souveränität ist aber keine Liebe, sondern eine Anmaßung, die nur um den Preis einer Abwertung zu erhalten ist. Erich Fromm hat das klar gesehen, für ihn ist Narzissmus nicht so etwas wie Selbstliebe, sondern ein *Gegenpol* der Liebe. Narzissten setzen sich tendenziell mit ihrer Umwelt nicht durch Liebe in Beziehung, sondern durch Macht

(Fromm S. 71 ff.). Man ahnt die Verzweiflung, die hier den Ton angab und angibt. Massive erlittene Ungeliebtheit und trainierte Unterwerfung führen zum Schwund der Liebesfähigkeit und wiederholen sich schließlich in einem Restleben, das sich auf einen Kampf um Bewunderung oder Verachtung, Macht oder Schwäche reduziert.

Ein in denselben 1910er Jahren formulierter und bis heute, bis zum Historiker Hans-Ulrich Wehler, sehr wirkmächtiger Begriff ist Max Webers „charismatische Herrschaft". Der charismatische Herrscher gilt als außeralltägliche Erscheinung und erhält Anerkennung aufgrund seiner Bewährung in der Not sowie durch das Erzeugen von Hoffnung und Begeisterung. Man sieht die strahlende, kriegerische Oberfläche, „ich bin berufen, ich rette euch, ich bringe das Gute", man übersieht den dunklen Seelenkern „ich räche mich, ich merze das Böse aus." Analog ist auch die gefühlte Begeisterung der Gefolgschaft des Charismatikers zweigeteilt, sie hat eine glänzende Oberfläche „wir bauen gemeinsam an einer großen Zukunft" und eine abgeschattete, abwertende Tendenz in verschiedenen Graden wie Hoffnung auf Genugtuung, Lust auf Rache, faktische Abwertung, die sich als süßer Dünkel anfühlt. Ich hoffe, man darf irgendwann die Augen öffnen und diese aus altem Verehrungsbedürfnis stammenden halben Blindheiten durch einen wacheren Blick ersetzen.

Woher kommt diese Faszination, diese Verehrungs- und Abwertungsbereitschaft? Stammt das alles aus der Kindheit? Die Frage klingt etwas absurd, „Kindheit" ist etwas so kleines, wie könnte sie etwas derart großes bewirken? Tatsächlich aber ist die Kindheit eine der großen Lebensphasen vermehrter Abhängigkeit und des Angewiesenseins auf andere. Hier entscheidet sich zuerst, wie wir Hilflosigkeit, körperliche Ohnmacht und Bedürftigkeit erleben. Hier bilden sich die ersten Gefühlsbahnen und Grundeinstellungen der Welt gegenüber. Erfahrungen des Respekts, des Gehaltenwerdens und des Trostes werden einen Boden an Weltvertrauen und Gelassenheit heranreifen lassen.

Erfahrungen von Angst, Ignoranz, Vernachlässigung und Lieblosigkeit werden Lebenseinstellungen befördern, die Wert auf Sicherheit und Kontrolle, Macht und Ordnung legen. Die frühen Erfahrungen sind nicht alles, sie sind wie ein Samenkorn, das dann seinerseits in guten oder schlechten Zeiten, in Not und Krieg oder relativem Frieden und Wohlstand heranreift.

Handlungsleitend wird am Ende die Grundeinstellung gegenüber dieser Frage werden: Wie fühle ich mich in nicht-souveränen Positionen, wenn ich bedürftig, leidend, angewiesen, einsam bin? Welche Gefühle spielen dann herein und welche werden vorherrschend – Unsicherheit, Weltvertrauen, Zuversicht, Angst, Ekel, Hass, Bedrohtheit, Selbstzweifel? Arno Gruen schreibt: „Die eigentliche Motivation ist die Idee der Größe, die dem menschlichen Bedürfnis entspringt, seiner grundsätzlichen Unsicherheit zu entkommen." (Gruen, Leben S. 83) Ja, die Größe, ihr wird gerne vertraut. Groß wirkt zugleich stabil, verlässlich, langdauernd, mächtig – eigentlich „real", im Sinne von feststehend und die Zeit überdauernd. Ach ja, wir kleinen Menschlein, wie mühen wir uns ab, etwas anderes zu sein als wir sind.

Besonders oder überlegen – Geliebt oder mächtig

Und die bittere Moral von der Geschicht'? Was können wir aus den martialischen Ereignissen der Nazidiktatur lernen? Ich meine zwei Dinge.

Erstens: Das Gift der Überheblichkeit kann ungeheueren Schaden anrichten, es kann die Verwandlung einer ganzen Nation in eine Kriegs- und Mordmaschine befeuern. Gepaart mit Angst und Bedrohtheitsgefühlen, Bereicherungs- und sonstigen Interessen kann es sich in Institutionen und Gesetzen einnisten und das Grauenhafte und niederträchtigste Handeln zur Normalität werden lassen. Verächtlichkeit gegenüber anderen wird dann zur Pflicht der Volksgenossen und kann sich bis zum Programm der Versklavung und Ausmerzung anderer steigern. Krieg und Völkermord können zu einem Ideal des vermeintlich tugendhaften Handelns werden und einen Sturm an Erniedrigung und Vernichtung nach sich ziehen. Niedertracht beginnt beim Dünkel, kann sich zu völkischer Überheblichkeit steigern und im Ideal einer Herrenrasse enden, die sich dazu berufen und gezwungen fühlt, die Weltherrschaft durch Unterwerfung und Ausrottung anzustreben.

Ohne den paranoiden Vernichtungswillen Adolf Hitlers hätte es den Holocaust nicht gegeben. Es sind die Intentionen der einzelnen Menschen, die aus ihrer Anlage in ihrer Biografie entstanden und sich dann in passenden historischen Situationen verwirklichen können. Die Biografie wirkt über das Handeln in die jeweilige Gegenwart hinein. Wenn die Situation und viele Bedingungen passen, kann die ausmerzende Überheblichkeit eines Einzelnen ein ganzes Volk an seinem Dünkel und seinen Wünschen nach Genugtuung, Reichtum und Größe packen und in den Strudel einer Erniedrigungsorgie und einer Tötungsmaschinerie hineinziehen. Die Deutschen wurden nicht gegen ihren Willen verführt, sondern an ihren eigenen mehr oder weniger geheimen Wünschen gepackt. Das Dritte Reich war die „Herrschaft der Niedertracht", schreibt Jean Améry, die „verwirklichte Welt- und Selbstverneinung" (S. 124). Das ist treffend gesehen. Verneint und vernichtet wurde nicht nur die Welt, sondern auch das eigene Selbst. Das einst „große Volk", das sich zur Herrenrasse verstieg, hat sich in Schuld und Schande gestürzt. Was einst Ehre, Stolz und Bewusstsein einer Elite war, hat seine eigene Kehrseite der Abwertung, Herablassung und Entwertung Wirklichkeit werden lassen und ins Monströse gesteigert. Améry schreibt, hofft, die Deutschen könnten einmal diese dunkle Kehrseite als ihr „negatives Eigentum in Anspruch nehmen" (S. 124). Dem kann man nur zustimmen, es hieße, das Gift der Überheblichkeit als Movens der Inhumanität begreifen und auf seine Zähmung und Auflösung hinzuwirken.

Zweitens: Überlegenheit und Besonderheit sind zwei grundverschiedene Phänomene. Jeder Mensch hat das tiefe Bedürfnis in seiner Besonderheit als geistiges Wesen wahrgenommen und anerkannt zu werden. „Geistiges Wesen" ist ein altes Wort, es meint eine Person, die von außen betrachtet als Körper erscheinen kann, die im „Inneren" aber getragen ist von Empfindungen, Gedanken, Gefühlen und Wünschen. Ihre Innenwelt äußert sich in ihrem Ausdruck, ihrem Antlitz, ihren Gesten und in Ton und Inhalt ihres Sprechens und Tuns. Von Klein auf ist dieses Sich-äußern ein Beziehungsgeschehen, es setzt Bindung, Wahrnehmung und Respekt voraus. Gewaltsame, übergriffige oder einschleichende Grenzverletzungen der Eigenwelt sowie Vernachlässigung und Verlassenheit erschweren oder verhindern den Prozess der Selbstwerdung als liebesfähiger Person. Nur in einem einigermaßen geglückten Umfeld kann sich ein Mensch in seiner Einzigartigkeit, Besonderheit und Unwiederbringlichkeit erleben, angenommen und bestätigt sehen. Die Entstehung von Vertrauen, Gemeinschaftsgefühl und Weltvertrauen hat ein ausreichendes Erleben bedingungsloser Wertschätzung zur Voraussetzung – des Eigenwerts unabhängig von Funktion, Angepasstheit, Leistung oder Rolle.

Überlegenheit andererseits ist gleichsam der Gegenpol zur Besonderheit. Wenn wir Alfred Adler folgen, ist das Geltungsstreben und das Überlegenheitsgefühl ein Kompensationsversuch für defizitäres Gemeinschaftsgefühl und Gefühle von Minderwertigkeit. Der Überlegene zieht sich aus der Gemeinschaft heraus, wertet sie tendenziell ab und setzt sich darüber. Er bemisst menschlichen Wert nach Geltung, Leistung und Bewährung. Die Abwertung des Gemeinschaftlichen durch Dünkel, Aggression oder Rückzug lässt die Defiziterfahrungen an Geborgenheit und Geliebtwerden leichter erträglich werden. „Von euch will ich eh nicht geliebt werden!“, „Euer Lob ist nichts wert!“ oder „Ich bin es nicht wert, geliebt zu werden.“, so könnte man den Trotz gegen die Frustration vielleicht ins Sprachliche übersetzen. Derart mag es anfangen und sich zu allem möglichen steigern. Die nicht gelebte und nicht geliebte Besonderheit rettet sich in Überlegenheit, Pose, Rückzug oder auch Gewaltbereitschaft.

Nun, Überlegenheit und Besonderheit, beides sind Auszeichungen und Hervorhebungen, worin besteht genau der Unterschied? Vielleicht kann folgendes als Modell dienen. In der Theologie gibt es seit alters her und in vielen Religionen den Begriff der Erwählung, der Auserwähltheit. Völker sehen sich als von Gott oder von ihren Göttern besonders geliebt und auserwählt. Erwählung ist allerdings ein heißes Eisen, historisch wurde der Begriff zur Rechtfertigung von diversen schrecklichen Taten herangezogen. Erwählung fungierte als Bevorzugung und als ein Ins-Recht-setzen gegenüber und zu Lasten anderer. Erwählung wurde oft zu Überlegenheit und Überheblichkeit umgedeutet und für viele Schandtaten missbraucht. Man kann den Begriff aber auch anders auffassen: Er steht dann gleichsam für die besondere Liebe Gottes zu all seinen Geschöpfen. Wenn wir dieses Modell auf eine Familie rückübertragen, wird es deutlicher: Im günstigen Fall lieben Eltern ihre einzelnen Kinder jeweils anders, jedes auf seine Art und Weise, jedes ist „erwählt" in seiner eigenen Besonderheit, aber keines ist bevorzugt oder den anderen vorgesetzt. Diese Besonderheit ist jeweils anders, aber nicht in Konkurrenz gegenüber anderen. Im Modus der Liebe kann jemand als besonders und einzigartig „erwählt" werden, ohne dass dadurch andere zurückgesetzt werden. – Die defizitäre Würdigung einer Person kann andererseits existentielle Angst und Rachegefühle in ungeheuerem Ausmaß entfalten. Kann die Grenze einer Person nicht aus Würde und Achtung errichtet werden, ist Gewalt manchmal das letzte Mittel, dem Tod als Person zu entkommen. Ausreichende Erfahrung von Wertschätzung und Achtung der Besonderheit und Einzigartigkeit des einzelnen Menschen ist daher das beste Mittel, um die Entstehung destruktiver Überheblichkeit unwahrscheinlicher werden zu lassen.

Wertschätzung ist dabei freilich nicht gleichzusetzen mit grenzenlosem Verstehen unter Verzicht auf jede Beurteilung. Wie in der Politik so auch im Alltagsleben ist ein stellungnehmendes, gestaltendes Handeln gefordert, das die jeweilige Situation beantwortet. Léon Wurmser hat es in schöner Klarheit so formuliert:

> „Ebenso wichtig ist es, in der Erziehung des Kindes nicht nur liebevoll annehmend und anerkennend zu sein, sondern auch grenzsetzend, manchmal auch ganz dezidiert, freilich ohne Rachsucht und Rigidität. Es ist oft ein schwieriges Balancieren. Das Wichtigste ist dabei, den anderen in seiner Besonderheit zu sehen und zu achten." (Wurmser S. 41)

Achtung ist nicht alles, aber sie ist in einer wertschätzenden Einstellung begleitend immer dabei. Und solange sie nicht verloren gegangen ist, sind Verdinglichung und Dehumanisierung eigentlich ausgeschlossen.

Zureichende Wertschätzung der Besonderheit von sich und der anderen hätte die Herrschaft Hitlers an beiden Enden der Handlungskette verhindern können. In einer auf Respekt und Liebe aufbauenden Erziehungssituation wäre weder jener Vernichtungswille noch jener Kadavergehorsam entstanden, ohne den das Dritte Reich und der Holocaust nicht möglich gewesen wären. Und im Handeln der Erwachsenen wären der Einspruch und der Widerstand gegen Demütigung und abscheulichstes Verhalten so weit verbreitet gewesen, dass das Inhumane nicht hätte zum Regelwerk des Normalen werden können. – Hitler hätte durch familiäre und gesellschaftliche Wertschätzung der Besonderheit verhindert werden können – eine starke Behauptung, eine aberwitzige These? Ich denke nicht. Ausgrenzung, Dehumanisierung, Verdinglichung und bedingungsloser Gehorsam waren Kernbestandteile des Systems, Bestandteile, die alle jeweils voraussetzen, dass Wertschätzung von sich selbst und anderen reduziert oder völlig suspendiert wird. Mit einem Volk, in dessen Rückgrat Empathie und Menschlichkeit gut verankert sind, lässt sich ein Drittes Reich nicht bewerkstelligen. Angst reicht nicht hin als Erklärung, denn in der Anfangsphase 1933 war es eine Welle der begeisterten Zustimmung zum Programm der Selbstaufwertung durch Rassismus und Chauvinismus, die die „Machtergreifung“ möglich werden ließ. Zustimmung erhält eine derartige Perfidie nur von Charakteren, die in ihrem Selbstwert und ihrer Mitmenschlichkeit zutiefst erodiert sind. Nur der bereits entkernte und entmenschte Mensch kann sich für ein Programm der Entwertung und Verdinglichung anderer begeistern. Der Begriff „Kadavergehorsam“ bringt dieses Zum-Ding-werden treffend zum Ausdruck. Er geht zurück auf Ignatius von Loyola, den Gründer des Jesuitenordens. In der Ordenssatzung von 1558 heißt es:

> „Wir sollen uns dessen bewusst sein, dass alle, die im Gehorsam leben, sich von der göttlichen Vorsehung mittels des Oberen führen und leiten lassen müssen, als seien sie ein Leichnam [ac si cadaver essent], der sich wohin auch immer bringen und auf welche Weise auch immer behandeln lässt, oder wie ein Stab eines alten Mannes, der dient, wo und wozu auch immer er ihn benutzen will." (Ignatius von Loyola S. 71)

Es handelt sich um eine agile Leiche, die automatisch alle Anweisung befolgt, heute würde man sagen einen Roboter, dem jeder Eigenwille, jede Eigenwelt und jede Empfindung abhanden gekommen ist. Der Mensch als Maschine, ohne Liebe zu sich oder zu anderen, ist in dieser Welt des Grauens das gefragte Persönlichkeitsmodell. Privat mag er seine Kinder verwöhnen, im Dienst hat er zu funktionieren.

Viele Menschen sind dazu in der Lage und können zu solchem Handeln gebracht und zu solchen Maschinen gemacht werden. Aber es sind nicht alle. Die Milgram-Experimente z.B. belegen auch, dass humanes Handeln realiter möglich ist. Zwei Drittel der Probanden erteilen auf Befehl durch einen fingierten Wissenschaftler schmerzhafte Stromstöße bis hin zum fingierten Mord. Aber nicht alle – ein Drittel bricht das Experiment vorher ab. An ihnen sollten sich Politik und Pädagogik orientieren. Wenn aus dem einen Drittel zwei Drittel würden, sähe die Welt bereits anders aus. Handeln wäre dann mehrheitlich gewissens- und empfindungsgeleitet und nicht bloße Mechanik im Dienste einer Erfüllung von Befehlen oder Sachzwängen. Der Mensch ist kein Ding und ebendiese Differenz käme dann auch in der Wirklichkeit zum Tragen.

Die Beispiele für das Humane innerhalb der Herrschaft der Inhumanität sind zahllos. Allein auf Hitler wurden ca. 40 Attentate geplant oder versucht (Will Berthold, Die 42 Attentate auf Adolf Hitler). In allen Situationen gab es Hilfeleistungen, sie waren die Ausnahme, aber es gab sie. Die Holocaust-

Gedenkstätte Yad Vashem in Israel hat zu Ehren der „Gerechten unter den Völkern“ 1963 ein Verzeichnis angelegt. Die Datenbank verzeichnet heute (Okt. 2014) weltweit 25.271 Fälle (Yad Vashem, Statistik). Beispiellos war die Rettung der Mehrzahl der 8000 dänischen Juden vor der Deportation 1943. In einer Nacht wurden unter mithilfe von Verwaltung und Bevölkerung 7000 Juden von dänischen Schiffern übers Meer nach Schweden gebracht. Der Zeitzeuge Salle Fischermann berichtet:

> „Spontan ergriffen viele, viele Dänen die Initiative – alle halfen mit, wo sie nur konnten, Verstecke oder Fluchtwege zu organisieren: in Krankenwagen, ja sogar in Müllwagen, alles, was fahren konnte. Auch Krankenhäuser und Kirchen waren wichtige Verstecke. Die Dänen haben sogar Geld gesammelt, um die Fischer für die gefährliche Fluchtüberfahrt zu bezahlen. Sie hatten ja während dieser Zeit keine Einnahmen. Selbst die dann Deportierten vergaßen sie nicht und sammelten Geld für Hilfspakete, die sie in die Lager schickten. Ich möchte behaupten, dass wir nur dadurch überlebt haben.“ (Fischermann, Friedenskooperative)

Initiator der Rettungsaktion war der deutsche Diplomat Georg Duckwitz. Von den Ideen Hitlers begeistert wurde er schon 1932 NSDAP-Mitglied, wendete sich aber nach der heimtückischen Ermordung Röhms 1934 innerlich ab und quittierte 1935 seinen Dienst in der Partei. (Yad Vashem, Duckwitz)

Es gibt also Unterschiede und es gibt auch das Gute im Schlechten. Woher kommen Achtung und Menschlichkeit, worin hat Wertschätzung ihre Quelle? Woher kommt dieser Mensch als Nicht-Ding?

2011: Atemluft Empathie – Bindung und Unterstützung

Für den Primatenforscher Frans de Waal (Das Prinzip Empathie: Was wir von der Natur für eine bessere Gesellschaft lernen können, 2011) liegt das spezifisch Menschliche im Grad der Fähigkeit zur Empathie. Auch Affen sind zu Einfühlung in andere in der Lage und verhalten sich auch altruistisch. Menschen sind dazu lediglich in höherem Maße fähig, die Gefühle anderer zu empfinden und deren Perspektive einzunehmen.

Für den Psychotherapeuten Arno Gruen ist Empathie ebenfalls eine grundlegende Fähigkeit, ja sogar der Kern unserer Lebendigkeit. Empathie meint hier unsere Resonanzfähigkeit nach Innen zu unseren Empfindungen und nach Außen zu anderen Lebewesen, Situationen und Dingen. Wer nicht empathiefähig ist, ist innerlich leer und eigentlich tot. Bei Arno Gruen habe ich den zentralen Stellenwert von Empathie für das Leben am deutlichsten formuliert gefunden: „Empathie ist eine grundsätzliche Fähigkeit aller Lebewesen. Sie ist die Schranke zur Unmenschlichkeit und der Kern unseres Menschseins, also auch der Kern dessen, was unser Eigenes ist." (Gruen, Fremde S. 20)

In der Tradition des isolierten Bewusstseins denken wir bei „Kern des Menschseins" zuerst an unseren Lebenswillen und unsere Identität, an unsere Würde und unsere Leiblichkeit. Wir denken nicht an ein Beziehungsgeschehen. Wir denken an einen Einzelnen, der dann in Beziehung tritt oder treten kann. Wir betrachten Empathie als eine Art von Wahrnehmung oder Sensibilität. Bloßes Wahrnehmen kann nun aber nicht unser Kern sein. Wahrnehmen nimmt nur wahr, ohne zu verändern; einen zentralen Teil unseres Selbstverständnisses bildet aber das Handeln: wir nehmen wahr und reagieren darauf mit einer

Handlung; wir hören und antworten; wir spüren ein Bedürfnis und suchen es zu befriedigen. Alle diese Beispiele illustrieren das Schema „erst Wahrnehmen und dann Handeln“. Wahrnehmung und Handlung sind voneinander getrennt.

Das Konzept Empathie besitzt eine gänzlich andere Struktur. Hier ist es die sensible Wahrnehmung selbst, die verändert. Empathie ist die Grundlage von Beziehungsvorgängen. Verstandenwerden, In-Beziehung-sein, Wertschätzung-erleben sind direkte Wirkungen des empathischen Geschehens. Die sensible Wahrnehmung selbst wirkt, da sich der Dialogpartner gesehen und akzeptiert oder abgelehnt fühlen kann. Durch die gegenseitige Wahrnehmung befinden sich die Teilnehmer in einem Prozess des Sehens und Gesehen-werdens, der unmittelbar mächtig und sehr wirksam sein kann.

Eine Wahrnehmung ist in diesen Situationen nie eine bloße Wahrnehmung, sondern immer auch ein Wahrgenommenwerden. Wahrnehmung ist ein aktiver und gleichzeitig passiver Vorgang. Und, Wahrnehmen ist immer auch ein Geschehenlassen der Wahrnehmung, ein Sich-zeigen, Sich-sehen-lassen. Wahrnehmen ist also wechselseitig dreierlei: „Nehmen“, Dulden und Sich-zeigen. Für die Position des isolierten Bewusstseins ist das eine sperrige Vorstellung und es bedarf dazu einiger Übung und Bereitschaft.

Die Behauptung, Empathie sei der Kern unseres Menschseins, kann sich auch darauf stützen, dass Empathie für Menschen und Tiere lebensnotwendig ist. Wir benötigen Verständnis und einen liebevollen Umgang wie Luft oder Wasser. Die Hospitalismusforschung (René A. Spitz) hat eindrücklich gezeigt, dass seelisch vernachlässigte Kinder schwere Störungen und Entwicklungsdefizite davontragen. In grausamen Versuchen mit jungen Rhesusaffen zeigte Harry Harlow in den 1950er Jahren, dass isoliert aufgezogene Äffchen ängstlich und beziehungsgestört wurden und nicht mehr in der Lage waren, ihre eigenen Nachkommen aufzuziehen. Die Bindungsforschung (John

Bowlby, Mary Ainsworth, die Eheleute Grossmann u.a.) konnte in vielen Untersuchungen und Langzeitstudien zeigen, dass eine „feinfühlige Mutter“, die die Lage des Kindes nachvollziehen kann und angemessen darauf reagiert, eine notwendige Erfahrung für eine gesunde Entwicklung bildet. Erst dadurch wächst im Kind die Sicherheit heran, dass seine Bedürfnisse und seine Situation auch von anderen geteilt werden. Es erwirbt ein Urvertrauen in eine „sichere Basis“, das es auch später stabilisiert und beziehungsfähig macht. „Feinfühligkeit“ ist dabei nicht nur eine Sensibilität, die der Mutter Gefühle erlaubt, sondern in derselben Wahrnehmung fühlt sich das Kind verstanden und seinerseits als sensibles Wesen angenommen. Feinfühligkeit bedeutet, die Lage des Kindes zu erfassen und darauf angemessen zu reagieren. Das kann eine Art „Spiegelung“ (Donald Winnicott im Anschluß an Jaques Lacans „Spiegelstadium“, S. 128) sein, z.B. wenn die Mutter im eigenen Ausdruck einen Schmerz des Kindes spiegelt und es damit tröstet. Es kann aber auch einfach eine adäquate Hilfe sein, z.B. wenn die Mutter weiß, wie gut das Kind bereits laufen kann und ihm nur im Anschluss an sein Können weiterhilft. Die Mutter begreift die aktuelle Lage des Kindes, hilft ihm situationsangemessen und bestärkt es in dem, was es bereits kann. Das Problem des Kindes wird in diesem Fall (nicht nur) gespiegelt, sondern es wird beantwortet und das Kind wird adäquat unterstützt und gefordert.

Aufhellungen (I) – Nach dem isolierten Bewusstsein

Gestern habe ich mich daran erinnert – oder war es vorgestern? – dass ich schon mehrmals eine überraschende Stimmungsaufhellung erlebt habe und ich mir dann jedes Mal gedacht hatte, das solltest Du aufschreiben, vielleicht hilft es Dir beim nächsten Tief. Aber jedes Mal habe ich das Aufschreiben wieder vergessen – gute Laune führt nicht dahin, dass man etwas aufschreibt. Jetzt ist es wieder soweit. Und jetzt habe ich es aufgeschrieben.

Der Stimmungsaufheller ist dieses Mal die Idee, die empfundene Idee einer inneren Verbundenheit mit den anderen Wesen; z.B. mit dem Baum vor meinem Fenster: Ich sehe ihn an, und ich „empfinde irgendwie“ sein Dasein in der Welt. Das ist natürlich eine „schwammige“ Formulierung und wird, zumal heutzutage, als Esoterik betrachtet oder als Mumpitz abgetan. Aber wie dem auch sei, Tatsache ist, es hilft mir. Es fühlt sich an wie ein neue Lebendigkeit nach dem Winterschlaf. Es ist eine Art Öffnung zur Welt hin und ein Wiedererkennen der anderen als beseelte Lebewesen. Ich kann sagen, ich kenne zwei Tendenzen oder Modi, den Modus der Verschlossenheit und den der Offenheit, der Resonanz, des Herzens, der Verbundenheit, des Seins unter Meinesgleichen, unter anderen Lebewesen.

Hier ist natürlich vieles missverständlich. Ich meine nicht im selben Atemzug so etwas wie „Nächstenliebe“, sondern in erster Linie ein Sein unter anderen Wesen. Auch sind die anderen nicht unbedingt so wie ich, sondern gleichen mir insofern als sie auch Lebewesen sind. Insofern sind sie auch auf dieser Welt, sind sie in derselben Gegenwart. Um mich herum sind nicht nur Dinge oder ferne, kontaktlose andere Wesen, sondern, das ist der Punkt: die Wesen rücken ein Stück näher, ich werde kontaktbereiter, Kontakt wird möglich, kann jederzeit geschehen. Aber auch wenn er nicht geschieht, teilen wir uns eine gemeinsame Gegenwart.

Für viele oder in anderen Situationen kann sich das alles abschreckend anhören. Oft will man keinen Kontakt und sehnt sich nach Abgrenzung, Autonomie und Selbstbehauptung. Eine „innere Verbundenheit“ mit anderen und gar Bäumen (!) klingt manchen irrational bis verrückt. Diese und ähnliche Abgrenzungen zielen auf ein Ich-bin, auf ein Herauskommen aus übermäßiger Enge und Verschlungenheit. Es sind dies Stimmen, denen „Verbundenheit“ nach Romantik klingt und schnell nach Lüge und Unterdrückung.

Die hier angesprochene Dunkelheit kommt nicht daher, sondern eher aus Verlassenheit und Isolation. Ein Übermaß an Abschottung, an Sich-verschließen führt zu melancholischen Zuständen. Für diese Einsamkeit oder empfundene Fadheit ist dieser Stimmungsaufheller gedacht: die geteilte Gegenwart. Ich bin eines unter vielen Lebewesen. So wie die anderen meine Umwelt sind, so bin ich auch Teil ihrer Umwelt. Ich bin nicht allein auf der Welt, im Sinne des isolierten Bewusstseins. Das isolierte Bewusstsein sieht die Welt aus seiner Warte: Ich sehe die Welt; ich empfinde etwas. Es übersieht, dass alle Anderen auch sehen und empfinden und dass es selbst auch von Anderen gesehen und empfunden wird. Es versteift sich darauf, dass es selbst empfindet und hat oft eine Abneigung gegen Mitgefühl und Mitempfinden. Im Mitempfinden lebe ich die Empfindungen eines anderen mit.

Ich beobachte beispielsweise spielende Kinder: Ich erlebe ihre Freude mit. Das Herz geht mir möglicherweise auf, ich kann mit ihnen mitempfinden. Kann ich soweit gehen und sagen: Es ist ihr Empfinden in der Situation, das ich spüre? Ja, das klingt wieder verrückt. Ich kann auch sagen: Ich empfinde es mit. Entscheidend ist: Es ist dasselbe oder ein ähnliches Empfinden, mit dem wir dieselbe Gegenwart teilen.

Oder, Menschen lachen über einen Witz, sie nehmen Anteil am selben Humor. In der Situation des gemeinsamen Lachens herrscht ein deutlicher, exponierter, gemeinsamer Geist. In jedem Einzelnen ist das Lachen auch wieder etwas unterschiedlich, aber es gibt auch das gemeinsame, geteilte „Verständnis eines Witzes" im Lachen.

Wessen Gefühl, wessen Lachen ist es dann? Ist es „mein Gefühl" oder nehme ich Teil an einem geteilten Gefühl? Oft passt die letzte Beschreibung besser zu dem, wie ich es erlebt habe (Bewusstsein als Teilhabe an einem Überindividuellen, an einem ausserindividuellen Phänomen, ist immer ein kleiner Nebenstrang unserer Geistesgeschichte gewesen; vgl. z.B. den Averroismus im 12. und 13. Jahrhundert oder heutzutage den Begriff „Atmosphäre" bei Hermann Schmitz).

Wie auch immer, das isolierte Bewusstsein ignoriert, dass es selbst die Umwelt für andere ist und alle anderen sich ebenso in die Position des isolierten Bewusstseins begeben können oder könnten. Die Position des isolierten Bewusstseins hat daher den eigenartigen Anschein der Einzigartigkeit, der Singularität. Das „Ich", das in die Welt schaut, ist wie einzig in seiner Stellung; wie ein Weltenherrscher, wie ein einziger Gott. Dabei ist leicht zu sehen, dass es kaum etwas Gewöhnlicheres gibt als ein empfindendes und wahrnehmendes „Ich", Subjekt oder Lebewesen. Alle Lebewesen sind (auch) in dieser einzigartigen Position, dass sie „die Welt" wahrnehmen. Einzigartigkeit ist das Häufigste. Ich bin wie alle anderen, einzigartig und allen darin gleich.

Die Selbsttäuschung – Leben in einem Medium

Die biografische Entwicklung einer Person wird heute gerne als Entwicklung aus einem abhängigen hin zu einem selbstbestimmten Zustand beschrieben. Als Embryo hängt der kleine Mensch an der Nabelschnur – das Urbild der Abhängigkeit. Er wird beatmet, ernährt und immer getragen, seine Bewegungsmöglichkeiten sind sehr eingeschränkt. Geburt und Durchtrennen der Nabelschnur kann man als ersten großen Schritt zu mehr Selbstbestimmung und Unabhängigkeit deuten. Der kleine Mensch atmet jetzt und lebt in einem viel weiteren Raum, den er sich ganz allmählich erschließt und erobert. Was in dieser Sicht aus dem Blick gerät, sind die Austauschprozesse, die der Selbstbestimmung zugrunde liegen und sie erst ermöglichen.

Ein Mensch atmet nicht selbst, genauso wenig wie ein Automobil selbst fährt. Der Mensch lebt vielmehr im Medium Luft, er ist mit seinem Lebensmedium Luft in einem ständigen Austausch, wie die Fische im Wasser. Analog fährt ein Auto-mobil nicht aus sich heraus, wie der Name „Selbst-beweger" nahelegt, sondern es fährt durch den Verbrauch von Energien, die die Sonne und frühe Pflanzen in den Öllagern der Erde angehäuft haben. Automobile sollten daher richtiger Ölmobile heißen, analog den Pferdekutschen, die auch ihren Antrieb benennen. Wie man hier schon sieht, ist der Begriff „Selbst" oder „Auto" häufig ein Täuschungsmanöver oder, besser gesagt, ein Ausblendungsvorgang mit dem Ziel, bestehende Abhängigkeiten und Interdependenzen auszublenden oder kleinzureden. Das Selbst soll anscheinend in seiner Selbstbestimmtheit und Autonomie in den Vordergrund gerückt werden. Wieso eigentlich?

Aber zurück zu unserem kleinen Menschen. Nach seinem ersten Atemzug kann der Kleine schnell selbst atmen und ist nicht mehr auf seine Nabelschnur angewiesen. Statt von ihr ist er von nun an vom Austausch mit seinem Medium Luft abhängig. Die Art des Austausches verändert sich, er wird indirekter und ermöglicht eine größere Distanz und Beweglichkeit.

Ähnliches gilt für die Nahrungsaufnahme. Früher durch die Nabelschnur und das Fruchtwasser komplett versorgt, ist der Säugling jetzt auf Milch angewiesen und später auf die Vielfalt an Nahrungsmitteln, die uns die Natur liefert. Eine Verbindung zur Natur, die zunehmend vermittelter und versteckter von statten geht.

In der längsten Zeit ihrer Geschichte lebte die Menschheit als Jäger und Sammler von dem, was ihr die Natur unmittelbar anbot, Knollen, Samen, Früchte, Wurzeln, Jagdbeute. Später wird der Nahrungsaustausch mit der Natur indirekter, Pflanzen werden angebaut, Getreidespeicher werden angelegt, der Mensch wird sesshaft. Vielleicht ist das das Urbild der damit neugewonnenen „Autonomie“: der Mensch, der neben seinem Speicher, seinem Lager, seinem Konto sitzt und das Gefühl hat, für eine gewisse Zeit versorgt und unabhängig zu sein. Speicher verschaffen Freiräume und zeitliche Spielräume. Speicher und Konto eignen sich aber auch gut zur Vernebelung der dahinterstehenden Austauschvorgänge, das frühere Sammeln von Nahrung und die Arbeit derer, die für den Kontoinhaber arbeiten.

Auf seelischer Ebene scheint sich dasselbe Muster zu wiederholen: allmähliches Erringen größerer Freiräume und Handlungsmöglichkeiten bei gleichzeitiger Gefahr der Vernebelung der nach wie vor bestehenden Abhängigkeiten. Wenn ein Säugling schreit, kann er anfangs noch kaum warten; schnell fühlt er sich verlassen, gerät bald in große Angst und nach langem Schreien schließlich in eine apathische Erstarrung. Im Laufe der Zeit wächst im günstigen Fall seine Fähigkeit, unangenehme Gefühle auszuhalten, wächst sein Vertrauen, wächst seine innere Zuversicht, die Angst und Verlassenheitsgefühle nicht aufkommen lässt. Das Kleinkind wird seelisch stabiler und räumlich und zeitlich „unabhängiger".

D.h. es kann Abwesenheiten der Bindungspersonen besser aushalten und Bedürfnisbefriedigungen überbrücken. Es erwirbt so etwas wie einen seelischen Speicher an Bindungs- und Weltvertrauen. Es wird nicht unabhängig, aber die Beziehungsvorgänge ändern sich, sie werden indirekter, weniger körperlich, ertragen mehr Distanz. Der Embryo war mit der Mutter über die Nabelschnur noch ganz direkt körperlich verbunden; nach der Geburt liegt er an ihrer Brust und sehr bald schon schauen sich beide an. Das sind drei Stufen an Distanzierung und gleichzeitiger neuer Verbindung: im Körper geborgen und angeschlossen, dann am Körper liegend, dann sich gegenseitig anschauend oder lächelnd. Das Verhältnis wird körperlich gelöster und gleichzeitig seelisch gebundener. Das ist der Weg des Selbst, wie es mehr Freiheit und Handlungsmöglichkeit erwirbt und Verbindungen in neuer Form und zu anderen Menschen und Dingen eingehen kann. Aber nie ist es unabhängig, immer in Beziehung und sei es in Gedanken und Träumen.

Unter Möwen –
Wir Wesen unter Wesen

Ich gehe zielstrebig über die Brücke.
Damals, als Kind, war das anders.
Ich bleibe stehen.
Möwen sitzen auf dem Stein im Wasser.

Versunken sehe ich ihnen zu,
versunken und doch leicht abzulenken,
schauen und dabeisein,
unter Möwen.

Miterleben und Nicht-miterleben – Nähe und Distanz

Dem isolierten Bewusstsein ist ein Miterleben mit anderen fragwürdig, „Wie soll man wissen, was ein Hund denkt oder ein Affe fühlt?“, „Haben wir nicht schon bei Menschen Schwierigkeiten, den anderen zu verstehen, wie soll das bei anderen Arten und zudem ohne Sprache möglich sein?“ In jüngster Zeit wurde mit dem Konzept der Spiegelneuronen versucht, das Miterleben, die Empathiefähigkeit mit einem physiologischen Argument zu unterfüttern. Dem, der nichts miterlebt, wurde implizit gesagt: Du hast Arme, aber Du benutzt sie nicht. Einem Gelähmten ist dadurch nicht viel geholfen. Oder vielleicht doch? Man sagt ihm ja, eigentlich ist es möglich, eigentlich, Deiner Natur nach, bist Du nicht zu dieser Kühle, zu diesem Abstand gezwungen.

Beginnen wir mit dem Anfang. Es gibt z.B. kinästhetische Wahrnehmungen, Bewegungsempfindung, die wir mit vielen Lebewesen gemeinsam haben. Viele Landlebewesen gehen, laufen ähnlich wie wir; sie haben ein Gewicht und empfinden ihre Schwere; wenn sie gesund und kräftig sind, laufen sie leicht und oft freudig; wenn sie verletzt sind, hinken sie vielleicht und wir können ihre Schmerzen miterleben.

Auch dieses Miterleben kann natürlich „bestritten“ werden. Man kann ein Tier hinken sehen, ohne etwas dabei zu empfinden; man sieht evtl. die ungeschmeidige Bewegung, den hakenden Ablauf, aber man empfindet nichts. Das ist sicher möglich, menschenmöglich. Und es kann trainiert werden. Ärzte benötigen den kühlen, sachlichen Blick auf den bloßen Körper, sie müssen ein Empfinden beiseite schieben oder hintanstellen. Metzger und Schlächter ebenso. Aber auch Gärtner und Bauern, die schöne Pflanzen schneiden, ausreißen und mähen. Das Nicht-miterleben ist eine wichtige menschliche Fähigkeit.

Miterleben andererseits ist eine primäre, sich fast von selbst schon bei kleinen Kindern entwickelnde Fähigkeit (Bowlby, Grossmann, Dornes). Kinder haben so z.B. Skrupel, einen toten Fisch auf dem Teller zu essen und fragen „Hat er keine Schmerzen?“. Kinder weinen mit anderen mit und trösten sich gegenseitig. Und erst Erwachsene sind zu Sätzen in der Lage wie „wir sind auf sprachliche Praxis angewiesen ... denn in ihre Gehirne können wir nicht hineinschauen.“ (Schnädelbach S. 23) Als Kinder konnten wir alle in die anderen hineinschauen. Die spätere Unfähigkeit erfordert einen Abstand von unmittelbarem Angesprochen-werden, einen Abstand, der erst im Laufe des „Erwachsen-werdens“ erworben wurde. Wer also Miterleben prinzipiell bestreitet, hätte seine Kindheit ganz vergessen und wäre ganz und gar „erwachsen“ (im Sinne distanzierter Rationalität) geworden.

Wer nun noch zu Miterleben in der Lage ist, wird zwei Richtungen feststellen können. (Die folgende Unterscheidung von unmittelbarem und mittelbarem Miterleben findet sich bereits beim späten Husserl.) Einerseits entsteht ein Miterleben unmittelbar. Beispiel: Jemand verletzt sich und es dreht sich mir unmittelbar der Magen um; ein Kind klettert auf einen hohen Baum und „ich kann gar nicht hinschauen“. Das sind fast überdeutliche Beispiele für einen Blick ins Innere der anderen Situation. Wir spüren Schmerz und Angst, aus unserer Sicht. Dieses Miterleben ist immer gefärbt durch unsere eigenen Einstellungen, die eigene Empfindlichkeit, Ängstlichkeit. Es ist ein unmittelbares *Sich*-hineinversetzen. Mit diesem Sich fließen alle unsere Vorurteile und Voramnahmen mit in die Wahrnehmung ein. Andererseits entsteht und bildet sich Miterleben mittelbar und absichtlich. Wir lassen uns auf die Situation ein, wir sehen genau hin, wir versuchen von *uns* abzusehen und versuchen zu erfassen, wie es für den anderen ist. Diese Seite des Miterlebens ist weniger automatisch und mehr ein Resultat bewusst gerichteter und offen gehaltener Aufmerksamkeit. Bei Menschen hilft uns hier viel auch die Sprache. Ohne die Sprache könnten wir uns nur gestisch, leiblich ausdrücken, wie die höheren Tiere; unsere komplexe Innenwelt könnten wir anderen kaum mitteilen.

Das Miterleben kann durchaus auch Grenzen zu anderen Arten überschreiten, deren Fähigkeiten wir nicht besitzen. Ich habe folgendes erlebt: vor ein paar Tagen ging ich an einem Zaun entlang und sehe auf einmal kurz vor mir eine Amsel „sich über den Zaun fliegen lassen". Die Bewegung hat mich unmittelbar an eine eigene Erfahrung erinnert, hat ein körperliches Wissen/Gefühl hervorgerufen, wie es ist, wenn man sich in dieser Art über ein Hindernis schwingen lässt. Die Erfahrung stammt aus Tauchgängen. Wenn man gut austariert ist kann man im Wasser schweben und mit seiner Atmung seine Höhe ganz leicht regulieren. Man schwimmt dann mit Flossenbewegungen auf einen Felsen zu, hält mit den Flossen inne, atmet fast unmerklich ein, steigt damit leicht auf und atmet etwas aus, sinkt nach dem Felsen wieder ab. Es fühlt sich an wie ein Schwung, ein Fliegen und Fallenlassen über den Felsen hin. Die Amsel hat oben über dem Zaun die Flügel angelegt und sich mit ihrem Schwung über den Zaun tragen lassen. Ich sehe ihr zu und spüre unmittelbar, wie sich das wohl anfühlt.

2014: Drohnenkrieg – Nahethik, Fernethik, Nahethik

„Die Technik bringt uns die Dinge vors Auge oder auf den Begriff, aber entzieht sie uns als Gegenüber“ habe ich im Kapitel „Herz und Begegnung“ geschrieben. Der „Krieg gegen den Terror“, der im Anschluss an die Anschläge vom 11.9.2001 und als Reaktion auf weitere Anschläge geführt wurde, hat hierfür ein neues Beispiel geliefert: den Drohnenkrieg. Der Drohnenpilot sitzt tausende Kilometer entfernt an einem Bildschirm und schießt Raketen auf Sicht auf Ziele, die in Zusammenarbeit mit Spionen ermittelt wurden.

Im Drohnenkrieg der USA gegen Al-Qaida und die Taliban in Afghanistan wurden in den letzten Jahren schon mehrere tausend Menschen getötet: verdächtige Terroristen, potentielle Terroristen, Danebenstehende und auch unbeteiligte Andere und Kinder. Die Drohnen werden von Drohnenpiloten in den USA gesteuert. Vor dem Raketenabschuss gehen die Drohnen in den Sinkflug und die Piloten sehen auf ihrem Bildschirm ihr Ziel etwa so:

Eine Zielregion in Afghanistan aus Sicht des Drohnenpiloten

Sie sehen Häuser, eine Straße und kleine Menschen. Sie sehen Menschen, aber kein Gegenüber, wie bei allen Fern- und Feuerwaffen. (Die letzten Ritterkriege, ohne Feuerwaffen, fanden Anfang des 14. Jahrhunderts statt.) Aber sie sehen mehr, viel mehr als beim bloßen Abfeuern von Raketen. Manche Piloten werden von der Sichtbarkeit der angerichteten Zerstörung belastet. Neben ihren Bildschirmen hängen angeblich Bilder von den Selbstmord-Anschlägen vom 11.9.2001; Gefühle gerechter Vergeltung und notwendiger Prävention sollen gestärkt werden. Bis heute mussten dabei schon zehnmal mehr Afghanen, etwa 30.000, ihr Leben lassen als es Tote im World-Trade-Center gab. Im „Präventivkrieg“ gegen den Irak 2003 kamen über 100.000 Menschen ums Leben und es wurden über 1000 Tonnen Uranmunition verschossen, verbunden mit unabsehbaren Strahlenschäden für die Bevölkerung, einer drastischen Häufung von Krebs und missgebildeten Kindern – ohne ein absehbares Ende. Das Ausmaß der Vergeltungsbedürfnisse und der Rage der Sicherheit scheint ohne Maß.

Nach dem Schuss sprechen die Piloten von den Getöteten in Kriegersprache von „Bug splats“, Insektenspritzern.

In einer Kunst-Protestaktion wurde nun ein großes Kinderfoto auf einem Feld ausgerollt. So sieht ein Pilot die Situation jetzt:

Die Zielregion mit ausgerolltem Kinderfoto

Menschen sind keine Blutflecken, sondern haben Gesichter. Das abgebildete Mädchen verlor bei einem Drohnenangriff seine Eltern und zwei seiner Geschwister. Die Organisatoren hoffen, die Aktion werde bei den Drohnenpiloten Empathie und Einfühlung erzeugen und möglicherweise zu Entscheidungen führen, die unschuldiges Leben retten. (http://notabugsplat.com)

Brandon Bryant war sechs Jahre lang Drohnenpilot für das US-Militär. Dann konnte er nicht mehr und hat seinen Dienst quittiert.

James Cluff, Herr über die „Reaper"- und „Predator"-Kampfdrohnen der Air Force ist begeistert, heißt es in einem Bericht über die Drohnenmesse 2014 in Florida: „So können wir massive Feuerkraft dort konzentrieren, wo sie am meisten benötigt wird." Wer heute über Afghanistan geflogen sei, könne morgen schon über Afrika fliegen. „Das", sagt Cluff, „ist Effizienz, wie sie besser nicht sein kann." (Cluff 2014)

Dieser Krieg ist fast überall, fast zugleich möglich. Es verwischt sich der Unterschied von Krieg und Frieden. Die Drohnenpiloten finden aus ihrem Zombie-Modus nicht mehr heraus und werden krank. Den Betroffenen vor Ort wird jegliches normale Leben unmöglich. Es kommt zu massenhaften, andauernden Traumatisierungen, körperlichen und seelischen Verkrüppelungen.

Es ist ein rechtloser Zustand, Tod ohne Prozess, ohne kurzen Prozess, entschieden vom Präsidenten oder von Militärs. Es werden keine Gefangenen gemacht. Die Schwelle zum Einsatz dieser ferngesteuerten, unbemannten Flugzeuge ist wesentlich niedriger als bei der Beteiligung eigener Truppen. Schnell und „gezielt" lassen sich beinahe überall auf der Welt „kleine Operationen" durchführen. Der Krieg wird Teil des Alltags oder, besser gesagt, der Alltag wird militarisiert. Es kommt zum Phänomen des „Lebens mit dem Krieg"; wie auch in den Gebieten mit häufigen Selbstmord- oder Terroranschlägen. Krieg und Terror werden „Teil des Alltags", sie werden „integriert", man

„lebt damit". Die vielen Anführungszeichen sollen ausdrücken, dass es nur vermeintlich oder vorgeblich so ist, tatsächlich ist es fraglich, ob ein „Leben" im Krieg, ein Leben ohne Frieden wirklich diesen Namen verdient.

Zur Durchführung der Angriffe sind Spione und Spitzel vor Ort erforderlich. Man verdächtigt sich gegenseitig des Verrats. Die ZEIT schreibt in einem Artikel „Tod aus dem Nichts" (ZEIT 2013):

> „Das Schlimmste ist das Misstrauen untereinander. Es gibt Gerüchte, dass Spione Mikrochips vor den Häusern von Terroristen fallen lassen. ... Der Tod aus der Luft führt in Wasiristan zu Hysterie am Boden. Die Jagd auf US-Spione hält die Region in konstanter Zwietracht. Hunderte angebliche Spione haben die Taliban in den vergangenen Jahren umgebracht."

Krieg zerstört nicht nur die Körper der Toten, sondern das soziale Klima und das Wohlbefinden der Lebenden. Man hat Angst; man hört die Drohnen am Himmel fliegen; man schläft auch bei Hitze nicht mehr auf den Dächern; man verliert Angehörige; man muss Schreckliches mitansehen oder sich anhören. Das Leben verliert seine Unbeschwertheit und ist zunehmend von Angst und Rachewünschen zerfressen.

Aufhellungen (II) – Lieben lernen

Kontingenz ist einer meiner Lieblingsbegriffe. In ihm drückt sich eine innerste Grundeinstellung der Welt gegenüber aus: Wie halten wir es mit dem Unerwarteten, mit den Folgen des Schicksals, mit dem Einmaligen, mit dem noch nicht Begriffenen, mit dem Unverfügbaren? Wenn die Ordnung unserer Begriffe und Erwartungen an ihre Grenze kommt, welche Empfindungen steigen dann in uns auf, eher ein angenehmes Wohlwollen oder eher unangenehme Unsicherheit? Hier scheiden sich die Geister oder besser gesagt die Herzen, hier wird entschieden, was die Welt im Innersten für uns ist.

Kontingenz meint etwas ähnliches wie Zufall. Vieles auf der Welt geschieht zufällig, wir kennen weder Absicht noch Ursache und alles auf der Welt ist kontingent, in allem ist auch etwas Unerwartetes und Unverfügbares. Der Zufall ist eine Ersatzerklärung des Ursprungs in der Vergangenheit, Kontingenz besagt etwas über die Gegenwart existierender Dinge, Lebewesen oder Gedanken.

Ich schreibe jetzt einen Satz mit zwei Halbsätzen gleichsam an die Tafel, auf den ich mich dann im folgenden beziehe. Kontingenz bedeutet:

Es hätte auch anders kommen können,
aber jetzt ist es nun mal so.

Alles ist kontingent, alles hätte auch anders kommen können. Wir haben ein Kind bekommen und es wurde ein sanfter, braunhaariger Junge, aber es hätte auch ein quirliges, blondes Mädchen werden können, oder es hätte etwas ganz anderes passieren können ... Es war weder notwendig, noch unmöglich, wie es geworden ist, vielleicht waren es viele Zufälle, was auch immer, aber jedenfalls ist es jetzt faktisch so wie es ist. Das meint Kontingenz.

Wie gehen wir mit diesem Tatsächlichen um, wann greifen wir verändernd ein, wann sind wir einverstanden, wann distanzieren wir uns innerlich, wann lassen wir uns ansprechen? Jede dieser vier Optionen hat wohl von Fall zu Fall ihre Berechtigung, aber wann ist was das Richtige? Darauf gibt es natürlich, so allgemein gesehen, zu viele verschiedene Antworten. Wir können aber überlegen, wie es vordringlich für uns ist.

Unsere Zeit hat sich seit langem auf den ersten Halbsatz eingeschworen, auf das Variable und das Mögliche in Form eines Verfügens, Konstruierens und Kontrollierens. Nichts „ist" mehr einfach wie es ist. Alles kann prinzipiell verbessert, umgedichtet oder neu erfunden und gemacht, vermeintlich kontrolliert oder beschleunigt werden. Das Reich des Gemachten wächst und wächst, das Reich des von Natur aus Gegebenen schrumpft schneller und schneller. Eine Voraussetzung dieser gesellschaftlichen und technischen Fortschritte ist ein dingliches Verhältnis zu einer entseelten, „entzauberten" Natur, ein Preis ein zunehmender Verlust an Zugehörigkeit. Der alte Animismus der Naturvölker und frühen Kulturen wurde mitsamt seiner in ihm enthaltenen Wahrheit – der beseelten Natur, zu der wir gehören und mit der wir verwandt sind – als Magie und Aberglaube im wahrsten Sinne des Wortes verteufelt. Die neue Weltdistanz macht es innerlich möglich, anderen Wesen geringere Lebensrechte zuzusprechen und sie beinahe völlig skrupelfrei menschlichen und ökonomischen Interessen unterzuordnen. Homo faber hält sich für den Herren der Welt, er fühlt sich für alles zuständig und zu allem berechtigt. Fast ohne Skrupel können heutzutage beispielsweise Autobahntrassen in Landschaften eingegraben werden, die dann weiträumig Lärm, Gestank und Gifte emittieren und den alten stillen Lebensraum der Tiere zerschneiden und mehr oder weniger auslöschen.

Naturbeherrschung auf der Basis einer distanzierten, ingenieurmäßigen Sachlichkeit wurde allgemeines Programm. – Berührbarkeit ist partiell stillgelegt, wie beispielhaft auch in dieser Äußerung des Philosophen Sloterdijk: „Ein einzelner Stern ist fürs erste nicht mehr als ein sinnloser Lichtpunkt.“ Erst durch unsere Zudichtungen von Sternbildern und Geschichten würden die Sterne, wie der Zufall allgemein, zu etwas Sinnvollem und Lebbaren. (Sloterdijk S. 429) Der Mensch lebt in diesem resonanzarmen Dasein, auf das wir schon bei Schopenhauer und seinen Epigonen gestoßen sind, in einem Haus aus eigengeschaffenen Symbolen in permanenter Selbstreferenz, die Tür ist verschlossen. – In beiden Beispielen wird eine Eigenwelt erbaut bzw. erdichtet, die den Menschen von dem fernhält, dem er einmal zugehörig war und ist.

Weltdistanz, jetzt als ironische Distanz, ist auch Programm einer Postmoderne wie es der Philosoph Richard Rorty (1931-2007) konzipiert hat. Für Rorty ist insbesondere die Kontingenz aller Dinge, Situationen und Lebewesen, d.h. die Tatsache, dass alles hätte auch anders kommen können, die Grundlage für sein ironisches Selbst- und Weltverständnis. Die Welt verliert ihre Festgelegtheit. Die Kontingenz der Dinge verhilft Rorty zu einem gewissen Abstand, zu einem leichteren Umgang mit ihnen.

Technische Weltdistanz wie auch symbolische und ironische Distanz lassen dabei dasjenige links liegen, was uns die Welt in ihrer Kontingenz eigentlich zum Geschenk macht: Für den, der es sehen kann und will, ist Kontingenz ein Türöffner zur Welt hin, sie kann uns helfen, wenn nicht die Geborgenheit der kosmischen Weltsicht zu leben, so vielleicht den Dingen, Situationen und Lebewesen in ihrer wesenhaften Individualität und Unwiederbringlichkeit zu begegnen. Wenn es glückt, kann die verlorene Ganzheit des Kosmos leicht in der Präsenz der Gegenwart wiederkehren.

Kontingenz sei für die einen ein Vehikel der Distanzierung, für die anderen eine Tür der Annäherung, wie kann das sein?

Nun, unabhängig von der Frage nach den Gründen für den ersten Halbsatz und seine Folgen hat allein schon die Zuwendung zu diesem Satz eine Wirkung. Die Dinge erhalten dadurch einen irrealen, leicht unwirklichen Ton. Es ist so und so, es hätte aber auch anders kommen können oder man könnte es auch aus anderer Perspektive sehen und deuten oder anders machen. Man kann sich dann diesem anderen zuwenden und denken, wie es hätte kommen können; man wendet sich von dem ab, wie es ist. Man gerät in ein leichtes Schweben, die Realität wirkt nicht so ganz festgelegt; es gibt nicht mehr nur eine Wahrheit; sie ist nur eine Möglichkeit unter vielen; sie ist und sie ist zugleich ihr eigenes Selbstdementi; jetzt ist sie so, aber sie hätte sich anders entwickeln oder gesehen werden können. In diesem Aber rücken wir vom Gegebenen etwas ab und wenden uns etwas anderem, in diesem Fall der nicht-realisierten Möglichkeit oder der neuen Interpretation zu. Das Entscheidende ist die innere Abwendung, das Faktische verliert an Schwere und Präsenz. Vielleicht zaubert uns das auch ein Lächeln ins Gesicht, etwas Schwebendes, einen ironischen Zug um die Augen.

Wenn wir unsere Aufmerksamkeit und unsere Liebesfähigkeit dem zweiten Halbsatz, dem Tatsächlichen, zuwenden können, wird die Welt eine ganz andere. Es ist, wie es ist, wir haben nun mal dieses Kind bekommen und wir sind angesprochen, es anzunehmen. Wir sollten es nehmen, wie es ist und zulassen, es zu lieben. Das Fatale und das Liebenswerte werden punktuell vereinbar. – Vielleicht sollten wir so manches nehmen, wie es ist und lernen, es zu lieben? – Odo Marquard, der kürzlich verstorbene Transzendentalbelletrist (Selbstbezeichnung), meint, wir Menschen sind insgesamt mehr unsere Zufälle als unsere Entscheidungen und Leistungen. „Darum", schreibt er, „müssen wir das Zufällige leiden können; denn Leben mit dem Zufälligen: das ist ... unsere geschichtliche Normalität." (Marquard S. 9) Wir „müssen" also unser Schicksal mögen, im Zweifel in dem Sinne, wie es Karl Valentin gesagt hat: „Ich freue mich wenn es regnet, denn wenn ich mich nicht freue, regnet es auch.“ (Valentin S. 86)

„Alarm! Alarm!“ rufen hier die Kritiker und Warner, die Welt ist falsch, die Welt ist schlecht. Es geht nicht darum, sie anzunehmen, sondern darum, sie zu verändern und neu zu schaffen! Ja, die Welt ist schlecht, und auch unser Sohn ist hier und – er ist, wie er ist; und der Wind streicht zärtlich über das Roggenfeld und – es ist, wie es ist.

Was hindert uns daran, einen Einklang zu riskieren?

2017: Sklaven der Gedanken – Wahrnehmung

Menschen sind Sklaven ihrer Gedanken
sie drängen sich ihnen auf
und halten sie vom Wahrnehmen fern

Das Bleibende –
Das Liebenswerte

Das Schöne
das Liebenswerte
es bleibt

Schau
und lass zu, dass Du es siehst
es ist überall

Literatur und Links

Adler, Alfred, Über den nervösen Charakter, Grundzüge einer vergleichenden Individualpsychologie und Psychotherapie, Wiesbaden 1912, Frankfurt 1972

Adorno, Theodor W., Engagement, Noten zur Literatur III, Frankfurt 1965

Adorno, Theodor W., Negative Dialektik: Jargon der Eigentlichkeit, 1966, Frankfurt 1982

Ainsworth, Mary mit John Bowlby, Mutterliebe und kindliche Entwicklung, München Basel 1995, engl. Ausgabe 1965 Child Care and the Growth of Love

Améry, Jean, Jenseits von Schuld und Sühne, Bewältigungsversuche eines Überwältigten, Stuttgart 1977, 1980

Anders, Günther, Über Heidegger, München 2001

Assmann, Aleida, Das neue Unbehagen an der Erinnerungskultur, Eine Intervention, München 2013

Benigni, Roberto, Das Leben ist schön, Mit einem Interview mit Roberto Benigni, Frankfurt 1998

Berthold, Will, Die 42 Attentate auf Adolf Hitler, 1981, 12. Aufl. 2007

Blumenberg, Hans, Nachahmung der Natur, Zur Vorgeschichte des schöpferischen Menschen, 1956, in ders. Wirklichkeiten, in denen wir leben, Stuttgart 1999

Bowlby, John, Bindung – Eine Analyse der Mutter-Kind-Beziehung, Reinbek 1982, engl. 1969 Attachment and Loss

Buber, Martin, Zwiesprache, 1929/1932, Heidelberg 1978

Buber, Martin, Begegnung, Autobiographische Fragmente, 1960, 3. Aufl. Heidelberg 1978

Cassirer, Ernst, Vom Mythus des Staates, Zürich 1949

Cluff, James, Chef der Kampfdrohnen auf der Drohnenmesse 2014 in Florida, www.spiegel.de/wissenschaft/technik /drohnen-tagung-auvsi-messe-in-orlando-a-969070.html

Denkmal für die ermordeten Juden Europas, www.stiftung-denkmal.de/stiftung/stiftungsgesetz.html
Descartes, Rene, Von der Methode, 1637, Hamburg 1971
Descartes, Rene, Meditationen über die Grundlagen der Philosophie, 1641, Hamburg 1959
Dollard, John, et al., Frustration and Aggression, New Haven 1939
Dornes, Martin, Der kompetente Säugling, Frankfurt 1993, 16. Aufl. 2015
Drewermann, Eugen, Das Eigentliche ist unsichtbar, Der kleine Prinz tiefenpsychologisch gedeutet, Freiburg 1984
Fallot, Georg Friedrich, Karikatur Hegels, 1791, http://idb.ub.uni-tuebingen.de/diglit/Mh858/0075
Fischermann, Salle, Friedenskooperative, http://www.friedens kooperative.de/ff/ff03/4-53.htm
Frankl, Viktor, ... trotzdem Ja zum Leben sagen: Ein Psychologe erlebt das Konzentrationslager, 1946, 9. Aufl. München 2005
Freud, Sigmund, Eine Kindheitserinnerung des Leonardo da Vinci, Leipzig Wien 1910, Frankfurt 1969
Freud, Sigmund, Der Humor, 1927, Kleine Schriften I, http://gutenberg.spiegel.de/buch/kleine-schriften-i-7123/29
Freud, Sigmund, Die Zukunft einer Illusion, 1927, Frankfurt 1974
Freud, Sigmund, Das Unbehagen in der Kultur, 1930, Frankfurt 1974
Freud, Sigmund, Neue Folge der Vorlesungen zur Einführung in die Psychoanalyse, 35. Vorlesung, 1933, Frankfurt 1969
Fromm, Erich, Die Kunst des Liebens, 1956, München 2012
Grossmann, Karin und Klaus E., Bindungen – das Gefüge psychischer Sicherheit, Stuttgart 2012
Gruen, Arno, Der Fremde in uns, 2000, München 2003
Gruen, Arno, Dem Leben entfremdet, Stuttgart 2013
Gryphius, Andreas, Tränen des Vaterlandes, Gedicht 1636
Habermas, Jürgen, 1986, www.zeit.de/1986/29/eine-art-

schadensabwicklung
Haffner, Sebastian, Von Bismarck zu Hitler, 1987, München 2009
Hegel, Georg Wilhelm Friedrich, Phänomenologie des Geistes, 1807, Hamburg 1952
Hegel, Georg Wilhelm Friedrich, Vorlesungen über die Philosophie der Geschichte, 1830, Hamburg 1994
Heidegger, Martin, Sein und Zeit, 1927, 17. Aufl. Tübingen 1993
Heidegger, Martin, Beiträge zur Philosophie (Vom Ereignis), 1936-1938, Frankfurt 2003
Heim, Heinrich, Adolf Hitler Monologe im Führer-Hauptquartier 1941-1944, Hamburg 1980
Heyne, Claudia, Täterinnen, Offene und versteckte Aggression von Frauen, Zürich 1993
Hitler, Adolf, Mein Kampf, 1925-1927, München 1943
Ignatius von Loyola, Ordenssatzung, 1558, https://openlibrary.org/books/OL23290708M/Constitutiones_Societatis_Iesu
Jetzinger, Franz, Hitlers Jugend – Phantasie, Lügen und die Wahrheit,Wien 1956, zit. nach Miller S. 182
Kershaw, Ian, Hitler 1889-1936, Band 1, Sheffield 2000
Kirsch, Sarah, Katzenleben, 1984
Kohut, Heinz, Überlegungen zum Narzissmus und zur narzisstischen Wut, in: Die Zukunft der Psychoanalyse, Aufsätze zu allgemeinen Themen und zur Psychologie des Selbst, Frankfurt 1975, S. 205ff.
Laplace, Pierre-Simon, Essai philosophique sur les probabilités, Paris 1814, Philosophischer Versuch über die Wahrscheinlichkeit, Heidelberg 1819
Levi, Primo, Ist das ein Mensch?, ital. Fassung 1958, München 2007
Lewin, Kurt, et al., Frustration and Regression. An Experiment with Young Children, Iowa 1941
Lützinger, Saskia, Die Sicht der Anderen, Bundeskriminalamt,

Eine qualitative Studie zu Biographien von Extremisten und Terroristen, Köln 2010
Maaz, Hans-Joachim, Die narzisstische Gesellschaft, Ein Psychogramm, München 2014
Marquard, Odo, Apologie des Zufälligen, Ditzingen 1986
Miller, Alice, Am Anfang war Erziehung, Frankfurt 1983
Picker, Henry, Hitlers Tischgespräche im Führerhauptquartier 1941-1942, Bonn 1951, Stuttgart 1983
Mann, Thomas, Bekenntnisse des Hochstaplers Felix Krull, 1910-1954, Frankfurt 1954
Matussek, Paul, Peter Matussek, Jan Marbach, Hitler. Karriere eines Wahns, München 2000
Nietzsche, Friedrich, Fröhliche Wissenschaft, 1882
Nietzsche, Friedrich, Also sprach Zarathustra, Ein Buch für Alle und Keinen, 1883–1885, Von der Erlösung
Novalis, Wenn nicht mehr Zahlen und Figuren, Gedicht 1800
Rauschning, Hermann, Gespräche mit Hitler, 1939, Zürich 2005
Reemtsma, Jan Philipp, Vertrauen und Gewalt, Versuch über eine besondere Konstellation der Moderne, Hamburg 2008
Retzer, Arnold, Passagen – Systemische Erkundungen, Stuttgart 2002
Rorty, Richard, Kontingenz, Ironie, Solidarität, Berlin 1989
Rosenkranz, Karl, Georg Wilhelm Friedrich Hegels Leben, 1844, Darmstadt 1977, 1998
Saint-Exupéry, Antoine de, Der Kleine Prinz, 1943, seitdem viele Auflagen
Scheler, Max, Schriften aus dem Nachlaß, Bd. 1: Zur Ethik und Erkenntnislehre, Tod und Fortleben, 1911-1914, Bern 1957
Schmitz, Hermann, Das erste Paradigma des abendländischen Geistes, Kap. 1 in Adolf Hitler in der Geschichte, Bonn 1999
Schnädelbach, Herbert, Heiner Hastedt, Geert Keil, Was können wir wissen, was sollen wir tun? Zwölf philosophische Antworten, Reinbek 2009
Schopenhauer, Arthur, Die Welt als Wille und Vorstellung, II,

Leipzig 1819
Sloterdijk, Peter, Ausgewählte Übertreibungen, Gespräche und Interviews, Berlin 2013
Spitz, René A., Vom Säugling zum Kleinkind, Naturgeschichte der Mutter-Kind-Beziehungen im ersten Lebensjahr, Originalstudie engl. 1945, Stuttgart 1996
Stierlin, Helm, Adolf Hitler: Familienperspektiven, Frankfurt 1975, 1995
Toland, Adolf Hitler, New York 1976, Bergisch Gladbach 1977
Tvrdík, Jaroslav, Vorwort in „Assassination Operation Anthropoid 1941-1942“, Eine Publikation des Tschechischen Verteidigungsministeriums, Prag 2002, http://www.army.cz/images/id_7001_8000/7419/assassination-en.pdf
Ullrich, Volker, Adolf Hitler, Band 1: Die Jahre des Aufstiegs 1889-1939, Frankfurt 2013
Valentin, Karl, Die Zukunft war früher auch besser, Kuriose Sprüche & Bilder, Rosenheim 2013
Vinnai, Gerhard, Hitler – Scheitern und Vernichtungswut: Zur Genese des faschistischen Täters, Gießen 2004
Vinnai, Gerhard, Kriegstraumata und Faschismus – Zur Genese von Hitlers Vernichtungsantisemitismus, in: Psychosozial, 29. Jhg., Heft 105, Gießen 2006, www.vinnai.de/Kriegs traumata_und_Faschismus.pdf,
Vogt, Peter, Kontingenz und Zufall: Eine Ideen- und Begriffsgeschichte, Berlin 2011
Waal, Frans de, Das Prinzip Empathie: Was wir von der Natur für eine bessere Gesellschaft lernen können, München 2011
Welzer, Harald, Täter: Wie aus ganz normalen Menschen Massenmörder werden, Frankfurt 2005
Wikipedia: Wehrmachtsausstellung, https://de.wikipedia.org/wiki/Wehrmachtsausstellung
Wikipedia: Operation Anthropoid, https://de.wikipedia.org/wiki/Operation_Anthropoid
Winnicott, Donald, Vom Spiel zur Kreativität, 1971 engl. Play-

ing and Reality, 12. Aufl. Stuttgart 2010
Wurmser, Léon, Verstehen statt Verurteilen, 2004, http: //edoc.hu-berlin.de
Yad Vashem, Statistik, http://www.yadvashem.org/yv/de/righteous/statistics.asp
Yad Vashem, Duckwitz, http://db.yadvashem.org/righteous/family.html?language=en&itemId=4042999
Zdral, Wolfgang, Die Hitlers: Die unbekannte Familie des Führers, Frankfurt 2005
Die ZEIT, 2013, Tod aus dem Nichts, www.zeit.de/2013/23/drohnen-zivile-opfer-pakistan-afghanistan
Zoller, Albert, Hitler privat, Erlebnisbericht seiner Geheimsekretärin, Düsseldorf 1949

Fotos und Grafiken

Reihen und Titel des Albunea Verlags

Reihe Naturreligion und Mythologie:

- Robert Josef Kozljanič: Antike Heil-Ort-Rituale – Traumorakel, Visionssuche und Naturmantik bei den Griechen und Römern. (2004 erschienen)
- Charles A. Eastman (Ohiyesa): Die Seele des Indianers – Ein Siouxindianer berichtet über Glauben und Sitten seines Volkes. (2009 erschienen)
- Helena Rytkönen: Opferriten und Pfannkuchen – Eine Reise ins Land der Mari an der Wolga. (2010 erschienen)
- Die Natur ist heilig. Hymnen an antike Gottheiten – Ein Gebetbuch für naturreligiöse Menschen. Zusammengestellt, teils neu übersetzt und mit einem Nachwort versehen v. Lothar Lohenstein. (2017 erschienen)
- Unser Dasein ist heilig. Antike Gebete für persönliche, familiäre und gesellschaftliche Anlässe. Zusammengestellt, teils neu übersetzt und mit einem Nachwort versehen v. Lothar Lohenstein. (In Bearbeitung)

Reihe Kulturgeschichte:

- Robert Josef Kozljanič: Der Geist eines Ortes – Kulturgeschichte und Phänomenologie des Genius Loci. 1. Band: Antike – Mittelalter. 2. Band: Neuzeit – Gegenwart. (2004 erschienen)
- Andrea Kölbl: Fiktionen der Liebe – Europäische Volksmärchen und populäre Spielfilme im Vergleich. (2006 erschienen)
- Eduard Stemplinger: Sympathieglaube und Sympathiekuren in Altertum und Neuzeit. (Geplant)

Reihe Zivilisationskritik und Befreiungsdenken:

- Theodor Lessing / Robert Josef Kozljanič: Untergang der Erde am Geist der Machteliten. Die verfluchte Kultur der Maschine / 100 Jahre radikale Zivilisationskritik und solidarische Lebensdemokratie. (2014 erschienen)
- Rudolf Gaßenhuber: Herzsinn und Weltangst. Philosophisch-psychologische Essays. (2018 erschienen)
- Helene Stöcker: Unsere Umwertung der Werte. (Deutscher Originaltext von 1897 in englischer, französischer, spanischer und türkischer Übersetzung; für 2019 geplant)
- Robert Josef Kozljanič: Pantheismus und Poesie, Vision und Verantwortung. Von der Selbstverwirklichung zur Naturverwirklichung und zurück. (Geplant)

Reihe Lebensphilosophie (Jahrbücher):

- I. Jahrbuch für Lebensphilosophie (2005). Zur Vielfalt und Aktualität der Lebensphilosophie. Hg. v. R. J. Kozljanič. (Erschienen)
- II. Jahrbuch für Lebensphilosophie (2006). Leib-Denken. Hg. v. R. J. Kozljanič. (Erschienen)
- III. Jahrbuch für Lebensphilosophie (2007). Praxis der Philosophie – Gernot Böhme zum 70. Geburtstag. Hg. v. U. Gahlings, D. Croome u. R. J. Kozljanič. (Erschienen)
- IV. Jahrbuch für Lebensphilosophie (2008/2009). Lebensphilosophische Vordenker des 18. und 19. Jahrhunderts. Hg. v. R. J. Kozljanič. (Erschienen)
- V. Jahrbuch für Lebensphilosophie (2010/2011). Gelebter, erfahrener und erinnerter Raum. Hg. v. J. Hasse u. R. J. Kozljanič. (Erschienen)

- VI. Jahrbuch für Lebensphilosophie (2012/2013). Dramatisch-freiheitliches Philosophieren. Eberhard Simons in memoriam. Hg. v. T. Dahlheim. (Erschienen)
- VII. Jahrbuch für Lebensphilosophie (2014/2015). Lebensdenkerinnen. Liebe zum Denken – Praxis des Lebens – Weisheit der Liebe. Hg. v. H. Bennent-Vahle, U. Gahlings u. R. J. Kozljanič. (Erschienen)
- VIII. Jahrbuch für Lebensphilosophie (2016/2017). Kritik und Therapie wissenschaftlicher Unvernunft. Hg. v. J. Hasse u. R. J. Kozljanič. (Erschienen)
- IX. Jahrbuch für Lebensphilosophie (2018/2019). Väter, Mütter, Töchter und Söhne der Lebensphilosophie. Hg. v. R. J. Kozljanič. (Erscheint 2018)
- X. Jahrbuch für Lebensphilosophie (2020/2021). Sozialistische, anarchistische und pazifistische Lebensphilosophie. Hg. v. R. J. Kozljanič. (Geplant)

Reihe Lebensphilosophie (Grundlagentexte):

- Philipp Lersch: Erlebnishorizonte – Schriften zur Lebensphilosophie. Herausgegeben und eingeleitet von Thomas Rolf. (2011 erschienen)
- Melchior Palágyi: Der Gegensatz von Geist und Leben. Eine schöpferische Verbindung von Erkenntnistheorie und Vitalismus. Ein Querschnitt seiner Schriften, herausgegeben und eingeleitet von Heiko Heublein. (Erscheint 2018)
- Friedrich Schlegel: Vorlesungen über die Philosophie des Lebens. Mit Einführung, kommentierter Bibliografie und Zeittafel hg. u. ausgew. v. R. J. Kozljanič. (Geplant)

Reihe sozialer Humanismus und solidarische Pädagogik:

- Helene Stöcker: Verkünder und Verwirklicher der Menschenliebe. Sozialhumanistische und pazifistische Beiträge. (Erscheint 2018)
- Ernesto Grassi / Robert Josef Kozljanič: Zweite Aufklärung und demokratische Bildung. Vom elitären zum sozialen Humanismus. (Erscheint 2018)
- Alice Rühle-Gerstel: Individualpsychologische und sozialhumanistische Schriften. (Geplant)

ALBVNEA VERLAG MVENCHEN

Seldeneckstr. 18
D-81243 München
www.albunea.de
info@albunea.de